Mulheres que
tocam o coração de
Deus

Dados Internacionais de Catalogação na Publicação (CIP)
(Câmara Brasileira do Livro, SP, Brasil)

Domezi, Maria Cecilia
　　Mulheres que tocam o coração de Deus /
Maria Cecília Domezi. – Petrópolis, RJ : Vozes, 2019.

ISBN 978-85-326-6064-0

1. Espiritualidade – Cristianismo 2. Mulheres cristãs
3. Mulheres na Bíblia 4. Orações I. Título.

19-23884　　　　　　　　　　　　　　　　　CDD-248.843

Índices para catálogo sistemático:
1. Mulheres cristãs : Cristianismo　　248.843

Maria Paula C. Riyuzo – Bibliotecária – CRB-8/7639

Maria Cecilia Domezi

Mulheres que tocam o coração de Deus

EDITORA VOZES

Petrópolis

© 2019, Editora Vozes Ltda.
Rua Frei Luís, 100
25689-900 Petrópolis, RJ
www.vozes.com.br
Brasil

Todos os direitos reservados. Nenhuma parte desta obra poderá ser reproduzida ou transmitida por qualquer forma e/ou quaisquer meios (eletrônico ou mecânico, incluindo fotocópia e gravação) ou arquivada em qualquer sistema ou banco de dados sem permissão escrita da editora.

CONSELHO EDITORIAL

Diretor
Gilberto Gonçalves Garcia

Editores
Aline dos Santos Carneiro
Edrian Josué Pasini
Marilac Loraine Oleniki
Welder Lancieri Marchini

Conselheiros
Francisco Morás
Ludovico Garmus
Teobaldo Heidemann
Volney J. Berkenbrock

Secretário executivo
João Batista Kreuch

Editoração: Maria da Conceição B. de Sousa
Diagramação: Sheilandre Desenv. Gráfico
Revisão gráfica: Alessandra Karl
Capa: Idée Arte e comunicação
Ilustração de capa: Sérgio Ricciuto Conte

ISBN 978-85-326-6064-0

Os textos selecionados para esta obra foram originalmente publicados na revista *O Mensageiro de Santo Antônio*, em Santo André, SP, pela Ordem dos Frades Menores Conventuais entre os anos 2010 e 2018.

Editado conforme o novo acordo ortográfico.

Este livro foi composto e impresso pela Editora Vozes Ltda.

Sumário

Orar no feminino, 9

I – Mulheres da memória bíblica, 13

Parteiras hebreias – Esperteza que defende a vida, 14
Débora – A vitória não é de um homem, 17
Ana – Murmúrio sem palavras, 20
Sulamita – O caminho do amor, 23
Rute e Noemi – Solidárias no infortúnio, 26
Mulheres curadas por Jesus – Com toda a dignidade, 29
Marta e Maria – Ouvir a Palavra e agir, 32
Maria de Magdala – Apóstola dos apóstolos, 35
Lídia – Trabalhadora e apóstola, 38
Priscila – Ministra que ensina com autoridade, 41

II – Maria, Mãe de Jesus, 45

Maria de Nazaré, 46
Maria da Visitação, 49
Maria, Mãe de Jesus, 52
Maria do Desterro, 55
Maria das Dores, 58
Maria das Alegrias, 61

III – Mulheres do cristianismo originário, 65

Tecla de Icônio, 67

Perpétua e Felicidade, 70

Cecília, a Romana, 73

Luzia, olhos da graça, 76

Inês de Roma, 79

Bárbara de Nicomédia, 82

Mônica, mãe de Agostinho, 85

IV – Mulheres cristãs das épocas medieval e moderna, 89

Hildegarda de Bingen, 91

Edwiges, a duquesa dos desvalidos, 94

Veridiana, a peregrina, 97

Clara de Assis, 100

Isabel da Hungria, 103

Zita de Luca, 106

Catarina de Sena, 109

Rita de Cássia, 112

Joana D'Arc, 115

Teresa de Ávila, 118

Rosa de Lima, 121

Margarida Maria Alacoque, 124

Juana Inês de la Cruz, 127

V – Mulheres cristãs da época contemporânea, 131

Nhá Chica de Baependi, 133

Maria de Araújo, 136

Paulina do Coração Agonizante de Jesus, 139

Bakhita, a menina escrava, 142

Bakhita, a filha do bom patrão, 145

Teresa do Menino Jesus, 148

Elisabete da Trindade, 151

Maria Goretti, 154

Edith Stein, 157

Teresa de Calcutá, 160

Dulce dos Pobres, 163

Alberta Girardi, 166

Veva Tapirapé, 169

Dorothy Stang, 172

Margarida Alves, 175

Zilda Arns, 178

Adelaide Molinari, 181

Jean Donovan, 184

Orar no feminino

Orar é entrar no coração de Deus. A fé nos diz que Ele tudo sabe e tudo vê, inclusive nosso pensamento. Ele é infinitamente maior do que nossas expressões humanas. Mas nós nos expressamos com palavras, gestos, atitudes, imagens humanas. Deus nos acolhe por inteiro e entra em nossa maneira de nos comunicarmos com Ele.

Oramos em comunidade, em multidão, junto com alguém, individualmente. Oramos com palavras da Bíblia, cânticos, orações da tradição do cristianismo, o rosário, benditos da devoção popular, fórmulas que aprendemos em família e na catequese. Oramos de forma espontânea, em silêncio, na contemplação, deixando nosso coração se abrir em Deus.

Jesus orava. Mesmo no meio da multidão. Muitas vezes retirava-se para um lugar afastado. Chegava a passar a noite toda em oração, falando com o Pai. Ensinou-nos a chamar a Deus de Pai e nos deixou a oração do Pai-nosso (Lc 11,1-4; Mt 6,9-13). Conversava com Deus em sua língua materna, o aramaico, chamando-o carinhosamente de *Abbá,* paizinho. Ensinou-nos que Deus é comunidade de amor: Trindade santíssima e bendita, um só Deus em Três Pessoas. E revelou-se Filho de Deus e nosso Irmão, a Segunda Pessoa da Santíssima Trindade.

Pai é a palavra humana que ativa em nós a gratidão, a confiança, a busca de proteção e nos ajuda a chegar mais perto da presença de Deus como nosso criador e cuidador.

Mas a Bíblia mostra também uma dimensão maternal no amor de Deus. "Acaso pode uma mulher esquecer-se do seu bebê, não ter carinho pelo fruto das suas entranhas? Ainda que ela se esquecesse dele, Eu nunca te esqueceria..." (Is 49,15). Assim como a mãe consola o seu filho, Deus consola o seu povo (Is 66,13). ...sobre ele estende suas asas e o carrega assim como a águia que defende seus filhotes (Dt 32,11). Em muitos salmos está a expressão: "Eu me abrigo à sombra de tuas asas" (p. ex., Sl 57,2).

Jesus se valeu dessa imagem ao chorar sobre a cidade que oprimia o povo: "Jerusalém, Jerusalém, você que mata os profetas e apedreja os que lhe foram enviados! Quantas vezes eu quis reunir seus filhos como a galinha reúne os pintinhos debaixo das asas, mas você não quis!" (Mt 23,37).

Em 1978, despertou interesse em teólogos do mundo todo uma afirmação do Papa João Paulo I, na hora do *Angelus*. Ao dizer que Deus nos ama com um amor que não se apaga, um amor de ternura, acrescentou: "Ele é pai; mais ainda, é mãe".

Com essa sensibilidade, as páginas que se seguem oferecem um convite a orar no feminino, com a inspiração do testemunho de diversas mulheres. Na maior parte são mulheres historicamente situadas. Algumas delas, que constam em textos bíblicos, são reais nas aspirações e na caminhada das mulheres do Povo de Deus. Em diferentes épocas, por dentro de diversas culturas e de múltiplas maneiras, elas viveram um amor operante pelo próximo, pela humanidade, pelo bem de todas as criaturas. Amaram aos outros mais do que a si mesmas. Por isso tocaram o Coração de Deus, eterna e infinitamente apaixonado por todos os seres, por Ele criados, remidos, curados, libertados, glorificados.

I
Mulheres da memória bíblica

Deus fala através da Bíblia. Os textos bíblicos foram inspirados pelo Espírito Santo, mas passaram pelas mãos de homens, quase sempre convencidos de serem superiores às mulheres.

Por isso, temos que buscar na Bíblia também o que Deus fala a partir das mulheres. São mulheres de fé inabalável em Deus libertador, corajosas em ajudar o seu povo. Suas histórias foram passando de boca em boca, de geração em geração e se tornaram parte da Bíblia; em preciosos pedaços ou nas entrelinhas das histórias contadas só por homens.

Raquel e Lia disseram a Jacó: Nós teríamos direito a um dote e a uma herança na casa de nosso pai. No entanto, ele nos trata como estrangeiras, porque nos vendeu, e ainda por cima, acabou com o nosso dinheiro. Sim, toda a riqueza que Deus retirou de nosso pai pertence a nós e a nossos filhos. Portanto, faça agora tudo o que Deus disse a você (Gn 31,14-16).

Parteiras hebreias
Esperteza que defende a vida

A Palavra de Deus se pronuncia em jeito humano, inclusive através da memória popular de mulheres. Vemos isso no relato das camponesas que, no Egito, ajudavam as mulheres hebreias em seu parto (Ex 1,8-22).

O faraó (rei) submetia os hebreus que haviam migrado para o Egito a trabalho forçado e a grande opressão. E deu ordem a Sefra, a Fua e às demais parteiras das mulheres hebreias que matassem os bebês meninos, deixando viver só as meninas. Mas as parteiras temeram a Deus. Isso significa que permaneceram num profundo respeito a Ele, confiaram em sua ação libertadora e desobedeceram o faraó. Este questionou-as por que estavam deixando os bebês do sexo masculino viverem, e elas responderam: "As mulheres dos hebreus não são como as egípcias. São cheias de vida e, antes que as parteiras cheguem, já deram à luz". E Deus beneficiou as parteiras, de modo que os hebreus no Egito se tornaram um povo numeroso e forte. Porém, o faraó obrigou todo e qualquer hebreu a lançar no rio os meninos que nascessem.

Não havia saída. Mas aquelas parteiras acreditaram que Javé (Deus) protege a vida dos indefesos. Que o projeto de Deus vence os projetos de morte da autoridade humana injusta com sua violência absurda. Elas colocaram o temor de Javé acima do medo. E como estavam acostumadas a visitar as gestantes em suas casas, usaram o argumento de que as hebreias eram mais fortes, referindo-se à esperteza e criatividade delas.

Esse relato bíblico repete muitas vezes as palavras nascer e viver. Mostra que ao "não fazer" das parteiras corresponde o "fazer" de Deus em favor da vida dos indefesos. Mostra também que a resistência inteligente e corajosa daquelas mulheres preparou a grande vitória dos hebreus. Com Javé a seu lado, eles se libertaram da opressão do Egito fazendo a travessia do Mar Vermelho. Moisés foi quem liderou o povo hebreu na saída do Egito, justamente ele que foi salvo das águas pela ação de mulheres.

A Profetisa Míriam, irmã de Aarão, liderou uma destacada participação das mulheres na celebração da festa da vitória. Ela pegou um tamborim e entoou seu cântico: "Cantem a Javé, pois sua vitória é sublime! Ele atirou no mar carros e cavalos". As mulheres a seguiram, tocando tamborins e formando coros de dança (Ex 15,20-21).

Com Deus somos capazes de defender a vida e a justiça até em situações extremas.

ORAÇÃO

Tu, porém, poupas todas as coisas, porque todas pertencem a ti, Senhor, o amigo da vida! (Sb 11,26).

*Ó Deus criador e cuidador da vida,
dá-me a sabedoria e a dedicação da
parteira
para defender e promover a vida
em todas as suas formas, etapas e situações.
Protege as parteiras
que vão apressadas a lugares difíceis
onde não há médicos nem recursos da
medicina,
e ajudam o milagre da vida acontecer.
Abençoa as médicas e enfermeiras parteiras.
Livra meu coração de todo pensamento
violento.
Quero ajudar a humanidade a superar
todo projeto que mata, toda pena de morte,
toda forma de escravidão e toda fome
causada.
Que se faça a tua vontade
na vida plena para todas as tuas criaturas.
Amém.*

Débora

A vitória não é de um homem

Num dos textos literários mais antigos da Bíblia (Jz 4–5), a Palavra de Deus se pronuncia na memória viva de uma mulher sábia e corajosa: Débora.

Os hebreus libertados do Egito enfrentaram a vida no deserto e puseram-se na conquista de Canaã, a terra prometida por Deus. Ali se uniram a outras tribos de hebreus que eram oprimidas por reis de cidades fortificadas. Foram doze as tribos de hebreus que se uniram na fidelidade a Javé, constituindo uma aliança chamada Israel. Nos primeiros tempos não tinham rei, e as necessidades eram atendidas por líderes passageiros, chamados juízes.

Débora está entre os seis grandes juízes que ficaram na memória do povo de Israel como heróis. Além de juíza, ela era profetisa, pois sabia fazer discernimento e orientar o povo nos momentos críticos. Era debaixo de uma palmeira que ela resolvia as questões.

Os camponeses israelitas estavam sendo atacados por muitos reis cananeus, que escravizavam pessoas, roubavam o gado e as colheitas. E ainda veio o ataque do General Sísara, chefe militar do Rei Jabin, com um enorme arsenal de guerra. Desanimado, disperso e com suas aldeias mortas, o povo de Israel não tinha ninguém com coragem de reagir.

Débora tomou a iniciativa de acordar cada uma das tribos de Israel. Mandou chamar Barac e lhe disse que, por ordem de Javé, devia organizar o povo para a guerra. Mas Barac lhe respondeu que só iria enfrentar Jabin e Sísara se ela fosse junto. Então ela prometeu ir junto, mas alertou-o de que a glória daquela expedição não seria dele: "Javé entregará Sísara nas mãos de uma mulher", disse ela.

A vitória do povo de Israel é celebrada no Cântico de Débora, que é de agradecimento a Javé (Jz 5). Ali outra mulher também é enaltecida: Jael, esposa de Héber, um estrangeiro metalúrgico que consertava as armas dos cananeus. Sísara o via como aliado; por isso não teve receio de refugiar-se na sua tenda. Mas Jael aderiu ao movimento liderado por Débora e matou o general, com uma estaca da tenda e um martelo. Os israelitas a chamaram de "bendita entre as mulheres".

Débora é a mulher que, acima de tudo, confia em Javé. Acreditando em si mesma e na força do povo unido, ela acorda as tribos, convoca-as, ajuda-as a se organizarem e chama as pessoas para a responsabilidade a partir de sua fé. Ela também canta a vitória de Deus na vitória dos camponeses de Israel.

ORAÇÃO

A política... é uma sublime vocação, é uma das formas mais preciosas da caridade, porque busca o bem comum (Papa Francisco. Evangelii Gaudium, 205).

Ó Deus todo poderoso, és fortaleza dos fracos e vulneráveis que se unem numa aliança de paz e fraternidade!

Perdoa-me se me acovardo em momentos críticos da sociedade à qual pertenço. Quero praticar a caridade em sua forma tão nobre que é o exercício da política. Quero amar aos semelhantes fazendo a política do bem comum. Com tua graça serei mulher atuante em todo lugar, a serviço do povo que busca condições humanas de vida.

Ampara as mulheres que sofrem difamação e perseguição porque fazem política com ética e princípios cristãos. Amém.

Ana

Murmúrio sem palavras

Como aponta o relato bíblico de 1Sm 1,1–2,10, Ana é a mulher que se regozija no Deus da vida. Seu nome significa agraciada, pois ela se tornou mãe por graça de Javé, que a livrou da esterilidade.

Seu esposo Elcana tinha outra mulher, Fenena, com a qual tinha filhos, mas amava mais a Ana. Fenena provocava Ana e a insultava pelo fato da sua esterilidade, e passou a aproveitar-se da sua fertilidade para humilhá-la. Em sua dor, Ana chorava, deixava de se alimentar e se recolhia, pedindo a Deus que revertesse a sua condição, que lhe desse um filho. Elcana viu sua tristeza e lhe disse: "Por que choras? E por que não comes? E por que estás de coração triste? Eu não te sou melhor do que dez filhos?"

Mas Ana queria reverter a própria condição. Pedia a Javé que a tirasse daquela humilhação. Ela era mulher de ousadia e desprendimento. Embora naquele tempo uma mulher por si mesma não pudesse ter acesso ao divino, ela tomou a iniciativa de apresentar-se diretamente a Deus para lhe pedir um filho. Além disso, fez um voto de que ele se dedicaria inteiramente ao serviço religioso. Fez isso sozinha, mesmo sem consultar Elcana, que era um israelita praticante da lei. Assim, ela ultrapassou a regra de que uma mulher só poderia fazer um voto se houvesse sansão do homem; o pai, no caso da mulher solteira, e o marido, no caso da mulher casada.

Ana continuou em oração e o sacerdote Eli a observava. Seus lábios se moviam num murmúrio, mas não dava para ouvir suas palavras. Ela derramava seu coração diante do Criador. Eli, pensando que ela estivesse embriagada, repreendeu-a, mas ela se justificou. Não havia bebido; em sua tristeza e aflição, apenas se desafogava diante de Javé. "Vá em paz", disse-lhe o sacerdote. "Que o Deus de Israel conceda o que você lhe pediu". Cheia de esperança, Ana foi embora e se alimentou. Deus atendeu à sua súplica. Ela deu à luz Samuel.

Assim que desmamou o menino, Ana cumpriu sua promessa. E enquanto ele crescia diante do santuário, Deus concedeu a Ana e Elcana mais três filhos e duas filhas. Samuel tornou-se sacerdote, profeta e juiz do antigo Povo de Deus.

Em seguida a esse relato, a Bíblia traz a Oração de Ana (1Sm 2,1-10), que diz: "Em Deus me sinto cheia de força!" Essa oração influenciou a literatura cristã. O Cântico de Maria (*Magnificat*), que está no Evangelho de Lucas (1,40-55) tem muitas semelhanças com o Cântico de Ana.

ORAÇÃO

Minha alma proclama a grandeza do Senhor, meu espírito se alegra em Deus, meu Salvador, porque olhou para a humilhação de sua serva. Doravante todas as gerações me felicitarão, porque o Todo-poderoso realizou grandes obras em meu favor... (Lc 1,46-49).

Ó Deus, minha força e meu tudo, derramo em ti meu coração!

Tu vês o vazio em minha alma e o nó em minha garganta.

Conheces o peso das discriminações que me mantêm prostrada

e enxergas a tua imagem no mais profundo do meu ser.

Busco a tua mão que me ergue das situações sem sentido

e me faz desabrochar em todo o meu ser mulher.

Faze-me fértil, forte, digna e formosa,

e ensina-me a ser mãe com tuas entranhas de compaixão.

Amém.

Sulamita

O caminho do amor

Na Bíblia, o livro Cântico dos Cânticos traz uma coleção de canções populares sobre o amor. Foi escrito logo após o exílio dos judeus na Babilônia. A terra deles estava devastada, Jerusalém e o templo destruídos. O novo começo da vida do povo seria o amor do casal, pois o amor é uma faísca da própria vida de Deus.

No entanto, a sustentação da grande família e da identidade judaica passavam para a mãe. É a partir da casa da mãe e na direção dela que se desenvolve o caminho do amor da camponesa morena Sulamita, noiva de um pastor de ovelhas. Mas ela é levada pelo cortejo do Rei Salomão e se vê no palácio, no meio das mulheres do rei. Este insiste em seduzi-la, mas ela resiste, fiel ao seu amado. Para as outras moças, as filhas de Jerusalém, conta que seus irmãos se voltaram contra ela. Mandaram-na guardar as vinhas, e ela não pode guardar a sua própria.

Um dia, ela ouve os passos do amado e, através das grades do jardim do palácio, consegue conversar um momento com ele. Ela canta para ele uma canção do campo e depois, com medo de que o rei os encontre e os castigue, pede que ele vá embora. Uma noite acorda angustiada, sai, percorre a cidade à sua procura. Diz: "Encontrei o amado da minha alma. Agarrei-o e não vou soltá-lo, até levá-lo à casa da minha mãe" (Ct 3,4).

Mas os encontros apaixonados dos noivos se alternam com as tentativas de sedução do rei.

Certa vez, dormindo no palácio, ela ouve a voz do noivo e percebe que ele mexe na fechadura da porta. O coração estremece. Ela se levanta para abrir, mas o amado fugiu dos guardas. Ela sai à procura dele e o chama, mas os guardas vão atrás dela, batem até feri-la e arrancam o véu que lhe cobre o rosto. Ela volta chorando ao seu aposento e suplica às filhas de Jerusalém: "Se encontrarem o meu amado... digam que estou doente de amor!" (Ct 5,8).

Ela faz poema para o seu amado e para ele dedica a sua dança. O rei acaba dando ordens para libertá-la. Ela sai atrás do noivo enquanto o coro canta: "Quem é essa que sobe do deserto apoiada em seu amado?" (Ct 8,5).

Porém, a revolução do amor não está completa. O noivo ainda tem que fugir. E ela está sempre à sua busca, assim como o povo tem que viver buscando sempre o seu Deus amado.

Sulamita é a mulher-paz, que em seu ser mais profundo incorpora a vida do Povo de Deus. É também a mulher forte, que tem a beleza da sabedoria.

ORAÇÃO

Ama e faz o que quiseres. Se calares, calarás com amor; se gritares, gritarás com amor; se corrigires, corrigirás com amor; se perdoares, perdoarás com amor. Se tiveres o amor enraizado em ti, nenhuma coisa senão o amor serão os teus frutos (Agostinho de Hipona).

Ó Trindade Santíssima,
Amor total que se dá e que circula
em Três Pessoas Divinas e em todas as
  criaturas!
Em tua comunhão mergulho inteira,
corpo, espírito, afeto,
com sede de encontro e fome do infinito.
Integra em ti meu amor e paixão,
meus sentimentos e razão,
meu dom e carência,
minha entrega e receptividade,
meu ímpeto e espera.
Livra-me de todo fechamento egoísta,
pois quero amar sem medo e sem medida.
Amém.

Rute e Noemi
Solidárias no infortúnio

Na Bíblia, o Livro de Rute traz uma história do tempo dos juízes, que fala do verdadeiro amor entre duas viúvas. A mulher não podia ser independente na sociedade dominada pelo poder masculino. E a viúva nada herdava do marido. Ficava dependente do filho mais velho. Se não tivesse filho, voltava para a casa do pai. Se não tivesse pai, ficava na extrema pobreza, vulnerável a toda opressão e à mercê de juízes desonestos.

Uma família de judeus de Belém, para fugir da fome, migrou para o país de Moab. Eles eram Elimelec com sua esposa Noemi e seus dois filhos, Maalon e Quelion. Elimelec morreu. Os dois filhos, casados com mulheres moabitas, também morreram. Ficaram as três viúvas. Noemi decidiu voltar à sua terra. Mas no caminho insistiu com as noras Rute e Orfa que voltassem para suas famílias e sua religião, pois o futuro era incerto. Orfa voltou, mas Rute ficou firme em seguir a sogra, dizendo que só a morte iria separá-las: "Aonde você for, eu também irei. Onde você viver, eu também viverei. Seu povo será o meu povo, e seu Deus será o meu Deus" (Rt 1,16-17).

Elas chegaram a Belém quando começava a colheita da cevada. Noemi tinha lá um parente importante por parte do seu marido, de nome Booz. Rute pediu permissão à sogra para ir respigar em algum campo onde o proprietário deixasse. Era costume os indigentes irem catar as sobras de espigas atrás dos segadores. Sem saber, a nora moabita foi respigar justamente na propriedade de Booz. Ela trabalhou o dia todo sem descansar.

Sabendo da sua generosidade com a sogra, Booz passou a tratar Rute muito bem, a favorecer o seu respigar e a fazê-la comer com eles. E Noemi valeu-se de um recurso da lei, que determinava o casamento do parente mais próximo do falecido marido, para que a viúva tivesse dele um filho e assim pudesse resgatar a herança. Rute seguiu as orientações da sogra. Booz fez as negociações, resgatou o direito de um outro parente próximo, cumpriu os protocolos e rituais e se casou com Rute. Deus os abençoou e eles tiveram um filho: Obed, o pai de Jessé, que é pai do Rei Davi.

Noemi pegou no colo o neto de criação e as mulheres lhe diziam: "Javé seja bendito! Ele não deixou que hoje faltasse para você um resgatador. O nome dele será famoso em Israel. Ele será para você um consolador e um apoio na velhice, pois quem o gerou é sua nora. Ela ama você, e é melhor para você do que sete filhos" (Rt 4,14-15).

ORAÇÃO

Duplamente pobres são as mulheres que padecem situações de exclusão, maus-tratos e violência... Entre elas encontramos continuamente os mais admiráveis gestos de heroísmo quotidiano na defesa e no cuidado da fragilidade das suas famílias (Papa Francisco. Evangelii Gaudium, 212).

Ó Espírito Divino, Pai dos pobres, luz dos corações!
Em ti a força feminina vence todas as fraquezas.
Concede-me os teus dons
para que eu siga o caminho
das mulheres de bondade e de valor
que se unem em solidariedade
na construção da justiça e da paz.
Creio na força da união
que preenche o vazio
e na secura faz a vida florescer.
Amém.

Mulheres curadas por Jesus
Com toda a dignidade

Jesus ultrapassou as leis sociais e religiosas que marginalizavam e excluíam pessoas, principalmente as mulheres. Com elas manteve proximidade e diálogo. Ouviu seus pedidos, deixou que o tocassem, curou-as, as fez viver com dignidade e até se pôs a aprender delas. Incluiu-as em seu movimento e muitas se tornaram suas discípulas.

Jesus quebrou principalmente regras e rituais do sistema de pureza. As mulheres eram consideradas impuras especialmente em seus dias de menstruação e na fase após o parto. Nessas situações não podiam tocar nas pessoas e nas coisas.

O Evangelho de Marcos (5,21-43) fala de uma mulher que era considerada continuamente impura, pois sofria de um fluxo de sangue crônico. Além da doença física, padecia de doença social, afastada do convívio com os outros. Sem poder se relacionar nem ter filhos, era condenada à marginalização e considerada pecadora.

Já fazia doze anos que ela lutava para curar-se. Gastou o que tinha com médicos. Mas a hemorragia só piorava. Então, aproveitando que Jesus se dirigia à casa de Jairo para curar a filha dele, aproximou-se no meio da multidão. Sua fé em Jesus era tão firme, que ela tinha esta certeza: bastaria tocar na franja do manto dele. Chegou por trás e tocou. Imediatamente a hemorragia parou. Ela tentou sair sem ser percebida.

Mas Jesus sentiu-se tocado! Disse que dele havia saído uma força e interrompeu sua caminhada, procurando quem era. A mulher prostrou-se diante dele tremendo, confessou ter sido ela e lhe contou sua história. E Jesus lhe disse: "Minha filha, sua fé curou você. Vá em paz e fique curada dessa doença".

Jesus libertava as mulheres por completo, dando a elas a oportunidade de andarem de cabeça erguida. Vemos em Lc 13,10-17: Num sábado, Jesus ensinava numa sinagoga e viu lá uma mulher tão encurvada, que ela nem conseguia olhar para as pessoas. Já eram dezoito anos naquela situação. Jesus a chamou e lhe disse: "Mulher, você está livre da sua enfermidade". Impôs-lhe as mãos e ela imediatamente se endireitou, curada! Depois, discutindo com o chefe da sinagoga que criticou o fato da cura em dia de sábado, ele chamou a mulher de "filha de Abraão".

Durante a paixão de Jesus, a maioria dos discípulos fechou-se em casa por medo. Mas várias mulheres o acompanharam, mesmo de longe. Algumas delas permaneceram junto à cruz, assim como sua mãe e o Apóstolo João.

ORAÇÃO

A lei humana não deve controlar a intimidade do ser humano (Tomás de Aquino).

Ó Jesus misericordioso, Tu és Caminho,
Verdade e Vida!
Creio em ti ressuscitado, amigo e libertador.
Levanta-me do medo e do conformismo,
cura-me do complexo de inferioridade,
ajuda-me a mudar os hábitos não
saudáveis,
livra-me da arrogância que disfarça as
minhas inseguranças.
Não deixarei que me tratem como sexo
frágil,
que usem do meu corpo como objeto,
que banalizem meus sentimentos.
Que, como Tu, eu me deixe tocar por quem
padece,
que eu seja um instrumento da tua força,
para que ela brilhe na dignidade de todo ser
humano.
Amém.

Marta e Maria
Ouvir a Palavra e agir

No Evangelho de Jesus, juntando a versão de Lc 10,38-42 com a de Jo 11,1-44, temos esta bela narrativa:

As irmãs Marta e Maria, juntamente com seu irmão Lázaro, moravam em Betânia, uma aldeia bem próxima de Jerusalém. Jesus ia sempre a essa casa onde se compartilhava amizade, alimento, repouso e dedicação ao Reino de Deus.

Maria costumava largar tudo e sentar-se aos pés de Jesus para escutá-lo atentamente. Era algo novo, frente à tradição e aos costumes sociais e religiosos daquele tempo. Jesus, o divino mestre, abria espaço para o aprendizado e também para a liderança das mulheres. Já Marta, como dona de casa presa às tarefas do lar, afogava-se nos detalhes. Mas Jesus abriu-lhe os horizontes, mostrando sua capacidade de crescer como pessoa e como discípula.

Lázaro adoeceu. Jesus recebeu a notícia das duas irmãs e, assim que pôde, pôs-se naquela direção. Os discípulos não queriam deixá-lo ir, porque as autoridades de Jerusalém o estavam perseguindo. Mas Ele disse que Lázaro havia falecido. Chegou próximo à aldeia, acompanhado pelos discípulos, quatro dias depois de o amigo ter sido sepultado. A casa de Marta e Maria estava cheia de judeus que foram consolá-las.

Marta, a mulher ativa e sábia, soube que Jesus estava chegando e foi encontrá-lo ainda fora do povoado. No diálogo com Jesus expressou toda a sua confiança nele e lhe proclamou sua fé: "Tu és o Messias, o Filho de Deus!" Depois foi chamar sua irmã para dizer-lhe: "O Mestre está aí, e está chamando você". Mas disse isso ao ouvido da irmã, pois ali havia pessoas que queriam matar Jesus. Maria levantou-se depressa e foi ao encontro de Jesus.

Os judeus, pensando que Maria estivesse indo ao túmulo do irmão para chorar, foram atrás dela. Mas ela foi onde Jesus estava e se ajoelhou a seus pés: "Senhor, se estivesses aqui, meu irmão não teria morrido". Todos choravam. Comovido, Jesus pediu que o levassem onde haviam posto Lázaro. Lá chorou e ressuscitou o amigo.

Marta e Maria, mesmo em situação delicada, aderiram ao projeto de Jesus com toda fé e coragem. Ao se tornarem suas discípulas, desafiaram normas impostas por homens do poder judaico e do poder romano.

ORAÇÃO

Se a gente cresce com os golpes duros da vida, também podemos crescer com os toques suaves na alma (Cora Coralina).

Mestre Jesus, creio em ti! Quero ser tua
discípula.
Tu me chamas: eis-me aqui para ser nova
mulher.
Sou Marta laboriosa, prestativa e
impaciente
e sou Maria a teus pés, apaixonada
aprendiz.
Carrego um fardo pesado de tarefas e
cobranças,
mas sei da mulher que sou, capaz de
desabrochar.
Quero harmonizar as duas: ser Marta em
contemplação
e ser Maria que ora no agir transformador.
Que eu não me perca no excesso de coisas
tão passageiras.
No horizonte do teu Reino escolho o que
vale a pena!
Amém.

Maria de Magdala
Apóstola dos apóstolos

Os quatro evangelhos falam de Maria Madalena como "Maria, a de Magdala", pois ela era de uma pequena cidade próxima ao Mar da Galileia chamada Magdala. Vamos buscá-la especialmente em Lc 8,1-3, Jo 20,1-18 e também nos escritos chamados apócrifos; isto é, os que ficaram fora da Bíblia.

Ela foi curada por Jesus, que fez saírem dela "sete demônios". Na mentalidade da época, as doenças eram vistas como causadas pelos espíritos maus. E quando se tratava de doença crônica ou muito grave se dizia "sete demônios". Curada, ela e muitas outras mulheres seguiam Jesus pela Galileia, junto com os discípulos homens, e os ajudavam com seus bens.

Ela seguiu Jesus em seu caminho, fiel a Ele até ao pé da cruz. Após sua morte, saiu na madrugada do domingo, ainda escuro. Viu a pedra afastada e o túmulo vazio. Correu para avisar Pedro e João. Estes foram lá, viram o fato e foram embora. Mas ela permaneceu do lado de fora do túmulo. Anjos, e depois um suposto jardineiro, lhe perguntaram: "Mulher, por que você chora? A quem está procurando?" "Levaram o meu Senhor e não sei onde o puseram", respondeu ela. E ao que pensou ser o jardineiro, pediu: "Se foi você, diga onde o colocou que irei buscá-lo!" Mas era Jesus ali de pé. Ele a chamou: Maria! Imediatamente ela virou-se para trás e exclamou: *Rabboni* (mestre dos mestres)! Jesus lhe disse: "Não me segure, porque ainda não voltei para o Pai". E a enviou para anunciar aos discípulos que Ele havia ressuscitado.

Maria Madalena, mulher forte e afetuosa, liderou o grupo de mulheres que testemunharam por primeiro os fatos ao redor da ressurreição de Jesus. Ela entendia a mensagem de Jesus melhor do que os discípulos homens. Nos primeiros tempos do cristianismo foi apóstola e evangelizadora. Diversas comunidades de fé cresceram em torno do seu ministério.

Lamentavelmente, a memória histórica das muitas discípulas de Jesus foi sendo deixada na sombra. E a história de Maria Madalena acabou misturada com a de outras mulheres com fama de pecadoras. Por muitos séculos ela foi lembrada como uma pecadora pública, uma prostituta arrependida.

Mas os cristãos do Oriente sempre a reverenciaram como "a apóstola dos apóstolos". O catolicismo manteve a celebração da sua memória como Santa Maria Madalena. Em 2016, por desejo expresso do Papa Francisco, a celebração dela se elevou ao grau de festa, igual ao dos outros apóstolos.

ORAÇÃO

Não há mais diferença entre judeu e grego, entre escravo e homem livre, entre homem e mulher, pois todos vocês são um só em Jesus Cristo (Gl 3,28).

Ó Maria Madalena, apóstola cheia de amor,
coração em sintonia com o do Mestre Jesus,
primeira mensageira da sua vitória pascal!
Quando o vazio de um túmulo e a incerteza
*   do rumo*
me fizerem chorar na madrugada escura e
*   fria,*
leva-me ao olhar misericordioso de Jesus.
Nele encontrarei a cura de tudo o que
*   impede*
o desabrochar da minha dignidade humana
e da minha dignidade de mulher.
Com a luz do Cristo ressuscitado irei aos
*   irmãos*
para compartilhar com eles minha experiência
*   de fé.*
Que o amor fale mais alto, que ninguém
*   seja excluído,*
que o Reino de Deus se realize.
Amém.

Lídia
Trabalhadora e apóstola

Como lemos em At 16,11-55, Lídia era artesã e comerciante. Era de Tiatira, mas vivia em Filipos. Vendia tecidos de púrpura que comprava em Tiatira, feitos de uma púrpura mais barata por ser extraída não de molusco, mas de uma planta. Já se havia convertido ao judaísmo, e ouvindo os ensinamentos do Apóstolo Paulo e de seu companheiro Silas, tornou-se cristã. E como ela era líder das mulheres que frequentavam a casa de oração, muitas mulheres seguiram seu exemplo.

Debaixo do poder romano que dominava aquela sociedade, as mulheres eram mantidas na submissão aos homens, sem voz nem vez. Mas era diferente nas comunidades cristãs, onde se vivia fraternalmente, sem discriminações.

Assim, Lídia disponibilizou sua própria casa para os cristãos se reunirem. Foi a primeira comunidade cristã na região da Macedônia. Ela administrava a comunidade, protegia seus membros, punha seus bens materiais à disposição. Muitas vezes era ela própria quem dirigia a comunidade, mas também outros dirigiam, pois ela viajava bastante a trabalho. Além de tudo isso, ela oferecia hospitalidade e proteção política aos irmãos de fé que vinham de outros lugares.

É importante lembrar que os apóstolos e missionários cristãos sofriam perseguição. Por isso, ela fazia Paulo e Silas ficarem em sua casa. Certa vez, os dois foram julgados e condenados pelas autoridades da cidade porque Paulo desmascarou um tal de "espírito adivinho" nos oráculos de uma jovem.

Além de marginalizada por ser mulher e por ser gentia, aquela jovem era escrava e, com seus oráculos, rendia muito dinheiro aos patrões que a exploravam. Paulo e Silas foram despidos, amarrados, açoitados e presos, acusados de subverter os costumes romanos. Quando saíram da prisão, os dois foram à casa de Lídia.

Foi grande a contribuição de Lídia para a evangelização dos chamados gentios ou pagãos, bem como para a expansão das comunidades cristãs no meio deles. Ela foi a grande colaboradora de Paulo apóstolo. Era mulher de liderança, trabalhadora e mestra, e se foi tornando uma verdadeira apóstola.

Ao mesmo tempo, ela ajudou a sustentar as relações fraternas e igualitárias entre as pessoas cristãs. Ao seu redor, muitas mulheres, inclusive escravas, sentiram-se acolhidas, respeitadas e reconhecidas em sua dignidade.

ORAÇÃO

A terra é nossa casa comum, e todos somos irmãos! (Papa Francisco. Evangelii Gaudium, *183).*

Pai querido, aqui estou, sozinha diante de ti.
Sei que em tua compaixão enxergas tantas
  pessoas
ligadas à minha vida, trabalho,
  deslocamentos,
gente de perto e de longe, necessitada e
  dispersa.
Às vezes, o mais difícil é unir os que estão
  mais perto,
proteger quem convive comigo no dia a dia.
Outras vezes, sou tentada a fechar-me no
  meu mundo
e esquecer todos os dramas da grande família
  humana.
Desperta meu ser mulher, ó Pai de todos e
  todas!
Ajuda-me a abrir as mãos, o coração, os
  meus dons
para juntar-me aos que buscam construir
  fraternidade.
Amém.

Priscila

Ministra que ensina com autoridade

Priscila e Áquila eram um casal de judeus convertido ao cristianismo. Lemos sobre eles em At 18 e 19. Trabalhavam como artesãos de tendas de campanha. Fabricar tendas era um trabalho duro, feito principalmente por escravos e ex-escravos.

Ao mesmo tempo, o casal era missionário. Viajava muito e já havia morado em vários lugares, obrigado por circunstâncias políticas ou por causa da missão. Houve um tempo em que viveu em Roma, mas eles e outros judeus cristãos foram expulsos dali. O casal mudou-se para Corinto.

O Apóstolo Paulo, convertido depois deles, também foi para Corinto. Lá os conheceu e foi morar na casa deles. Com eles trabalhava fazendo tendas para se sustentar, ao mesmo tempo em que difundia o Evangelho, formava comunidades cristãs e as acompanhava.

Depois de um longo tempo em Corinto, Priscila e Áquila partiram junto com Paulo para fundar a Igreja de Éfeso. Mas ali ocorreu um grave problema: um ourives chamado Demétrio fabricava nichos de prata da deusa Artemis e isso lhe rendia muito dinheiro. Artemis era a deusa principal da cidade de Éfeso. Os moradores acreditavam que sua estátua havia caído do céu. E os ourives lucravam bastante, aproveitando-se do comércio em torno da deusa. Demétrio reuniu os artesãos e trabalhadores do ramo e os incitou contra Paulo, que estava convertendo muita gente, e a deusa perdia adeptos. Um tumulto se espalhou por toda a cidade. Paulo estava indo para o teatro, que era onde se fazia a discussão, mas seus amigos o salvaram, impedindo-o de aproximar-se de lá.

Paulo foi expulso da cidade de Éfeso, mas Priscila e Áquila lá permaneceram para continuar o trabalho de evangelização. Em todos os lugares onde esse casal residiu, sua casa tornou-se uma casa-igreja.

Paulo foi muito ajudado por Priscila e Áquila, não só na ocasião do tumulto com os ourives de Éfeso, mas também quando esteve preso. Ele sempre foi grato ao casal, que arriscou sua vida para salvá-lo e também para salvar a vida de vários outros da comunidade, como vemos em Rm 16,3.

Priscila era muito conhecida entre os cristãos por sua liderança e por ser uma ministra da Igreja que ensinava com autoridade. Por isso, contrariando o costume de se nomear o marido primeiro, os relatos bíblicos do Novo Testamento geralmente trazem o nome dela antes que o de Áquila.

ORAÇÃO

...a relação fecunda do casal torna-se uma imagem para descobrir e descrever o mistério de Deus, fundamental na visão cristã da Trindade que, em Deus, contempla o Pai, o Filho e o Espírito de amor (Papa Francisco. Amoris Laetitia, *11).*

Ó Deus tão grande e tão próximo, tão
   poderoso e amigo,
Acolhe-me no mistério da tua comunidade!
Em ti procuro uma casa, um lar, abrigo
   seguro,
e um lugar à grande mesa onde todos são
   iguais.
Acertarei os meus passos com quem caminha
   comigo.
Partilharemos o pão, a palavra e nossos
   sonhos
e enfrentaremos juntos os desafios e
   problemas.
Que nosso amor seja aberto, seja dom
   multiplicado,
que faça o bem para todos e traga
   felicidade.
Amém.

II
Maria, Mãe de Jesus

Ela é Maria, mãe de Jesus e sua discípula número um. Venerada e respeitada em muitas religiões, tem um lugar especial na Igreja dos discípulos e das discípulas de Jesus Cristo, como Mãe sempre presente. Os católicos têm para com ela um amor filial e especial veneração, valendo-se da sua intercessão como caminho para chegar a Deus.

Muito pouco falam dela os evangelhos e os outros textos bíblicos do Novo Testamento, pois o foco está em Jesus. Mas essas poucas passagens são suficientes para mostrar toda a grandeza da ação de Deus através dela, como também toda a generosidade dela em colocar-se à disposição do projeto de Deus.

A mãe de Jesus, a irmã da mãe dele, Maria de Cléofas, e Maria Madalena estavam junto à cruz. Jesus viu a mãe e, ao lado dela, o discípulo que Ele amava. Então disse à mãe: Mulher, eis aí o seu filho. Depois disse ao discípulo: Eis aí a sua mãe. E dessa hora em diante o discípulo a recebeu em sua casa (Jo 19,25-27).

Maria de Nazaré

"De Nazaré pode sair coisa boa?" Era quase um dito popular, como se vê em Jo 1,46. Aquela aldeia da região da Galileia, na Palestina, era tão pobre, que parecia insignificante. Mas entre os cerca de quinhentos nazarenos estava Maria, uma virgem camponesa, prometida em casamento a José. E nela Deus realizou algo extraordinariamente bom!

É o que nos diz o relato de Lc 1,26-38. Deus lhe enviou o Anjo Gabriel, que a saudou dizendo: "Alegre-se, cheia de graça! O Senhor está com você!" E a adolescente foi logo tranquilizada pelo anjo, que lhe disse para não ter medo, pois ela havia encontrado graça diante de Deus. Ficaria grávida, teria um filho, o Messias esperado, e lhe daria o nome de Jesus. "Como, se não vivo com um homem?" – perguntou ela. E o anjo respondeu: "O Espírito Santo virá sobre você, e a força do Altíssimo a cobrirá com sua sombra".

Maria vivia a esperança dos pobres de Javé, na orientação dos profetas. Mas a proposta de Deus era surpreendente demais. Ele podia escolher alguma jovem de destacada família em Jerusalém. Mas escolheu ela, em sua simplicidade e anonimato, e no período em que corriam os acertos para o seu casamento. O desafio era gigante. Aos olhos da sociedade seria mãe solteira, com risco de ser apedrejada como adúltera. Mas ela disse sim a Deus: "Eis a serva do Senhor. Faça-se em mim segundo a tua palavra" (Lc 1,38).

Realizou-se o mistério de amor infinito de Deus. No ventre de Maria, o Filho se encarnou por obra do Divino Espírito. Isto o anjo explicou a José em sonho (Mt 1,18-25). José, homem justo, para não denunciar a noiva havia decidido deixá-la em segredo. Mas então abriu-se ao projeto divino. Abraçou a missão de esposo de Maria, assumiu a paternidade do Menino e lhe deu o nome.

Maria de Nazaré, tão jovem e pobre, é mulher profundamente livre. Está consciente de que, através dela, Deus vem salvar a humanidade. Sabe da completa mudança que isso vai operar, na sua vida e em toda a humanidade. E como servidora de Deus, lhe dá seu pleno consentimento.

Ela incentiva toda a família humana a seguir o caminho exigente da verdadeira liberdade. Ensina a atravessar pontos claros e escuros, com responsabilidade pelo poder de entrega ou de recusa, de dizer sim ou dizer não. Ela disse sim como mulher de fé. Sua fé foi resposta de livre e total entrega de si ao amor infinito de Deus. Ela é "a primeira e mais perfeita discípula de Cristo", como disse o Papa João Paulo II.

ORAÇÃO

Toquem ou não os campanários – que o computador é lei –, ainda continua falando o Arcanjo Gabriel, e lhe responde Maria com um coletivo Amém. E o Verbo se faz carne no ventre de sua fé (Pedro Casaldáliga).

Alegra-te, Maria cheia de graça!
Em ti se derrama o olhar amoroso de Deus
que age a partir dos últimos, dos anônimos
*   e desconsiderados.*
O Senhor está contigo, e em ti estamos
*   todos.*
És arca da nova aliança, casa de encontro
*   fraterno.*
Bendita és tu entre as mulheres
que, como eu, sentem medo,
se assustam e questionam,
mas dão o salto no escuro para as decisões
*   vitais,*
na liberdade e na fé.
Bendito é o fruto do teu ventre,
Jesus, Irmão nosso e Deus conosco!
Amém.

Maria da Visitação

O abraço de duas grávidas fez vibrar a grande sintonia delas na caminhada de fé. Eram duas primas, ambas gestantes de filhos que tinham missão especial no projeto divino da salvação: Maria e Isabel. Vibravam pelas maravilhas que Deus faz. Compartilhavam as esperanças e as preocupações pelo seu povo. Está narrado em Lc 1,39-56.

Maria havia sido fecundada pelo Espírito Santo. Tornou-se a nova casa de Deus, lugar do encontro da humanidade com Ele. Como um templo vivo, carregando Jesus em seu ventre, foi às pressas para a casa da prima, na região montanhosa. Correu para ajudá-la em sua gestação de alto risco, que já estava no sexto mês.

Criança no útero sente a emoção da mãe. A voz de Maria que saudava Isabel entrou no ouvido da prima e o menino se agitou no ventre dela. Cheia do Espírito Santo, ela deu um grande grito, dizendo não merecer a visita da mãe do seu Senhor, exclamando para Maria: "Você é bendita entre as mulheres, e é bendito o fruto do seu ventre!"

Encontro marcante foi esse, de duas barrigas exuberantes. Encontro de Jesus Salvador com João Batista, do Messias prometido com o seu precursor, da longa espera com a boa notícia de que Deus cumpriu sua promessa. E Maria, bem-aventurada por ter acreditado, proclamou a grandeza e a misericórdia de Deus. Ele derruba do trono os que abusam do poder e eleva os humilhados. Ele enche os famintos de bens e deixa os abastados de mãos vazias.

Foram três meses de serviço solidário, de expectativas e experiências compartilhadas. As futuras mamães cresceram na intimidade com Deus e na compaixão pelo povo.

Como diz o Papa Francisco, Maria está na dinâmica da justiça, da ternura, da contemplação e do caminho para os outros. Ela é a mulher orante e trabalhadora de Nazaré, que mostra a força revolucionária da ternura e do afeto. Ao mesmo tempo, ela é a Nossa Senhora da prontidão, que sai às pressas do seu povoado para ir ajudar os outros, que parte para a busca da justiça em favor dos pobres (*Evangelii Gaudium*, 288).

ORAÇÃO

Vem, ó Senhora nossa! Visita-nos, Maria,
que a casa de Isabel encheste de alegria!
(Ofício das Horas).

Ó Maria da visitação, sacrário do amor sem
*   medida,*
servidora de Deus na ação que transforma
*   o mundo!*
Contigo sonho acordada, consciente, na
*   corrente do bem.*
Vejo uma enorme ciranda de mulheres
*   grávidas*
em sintonia com a mãe Terra.
Todo o universo vibra no abraço das
*   gestantes.*
Toda injustiça é desmascarada,
desarma-se toda violência
e triunfa a compaixão de Deus.
Que venham saudáveis os benditos frutos do
*   amor,*
do sacrifício e da esperança ativa.
Debaixo do teu manto, ó Virgem Mãe
*   Maria,*
a hora do parto se torna boa hora
e toda ansiedade explode em alegria!
Amém.

Maria, Mãe de Jesus

Final de gestação numa rotina diária nada fácil. Temos poucas e preciosas referências à vida de Maria, a mãe de Jesus, nos escritos bíblicos do Novo Testamento. Eles têm seu foco em Jesus. Em Lc 2,1-20 está uma narrativa mais teológica do que histórica. Por isso, também damos asas à imaginação.

Maria enfrenta o vento que sopra do deserto e chega espalhando poeira. Caminha até a fonte e volta com seu cântaro cheio de água. Cuida das pessoas, do alimento, dos animais, da roupa, da casa rústica. Ajuda o esposo José em sua lida de artesão, atendendo aos clientes que o procuram para consertar chaminé, fazer uma mesa, uma porta, além do trabalho no campo.

As grávidas, por antecipação, cuidam da vida inteira do filho que vai nascer. Maria tem sua imaginação bem ativa enquanto Jesus chuta em seu ventre. São muitas as interrogações. Mas ela costuma contemplar o mistério de Deus enquanto guarda em seu coração tudo o que está acontecendo.

Na aldeia insignificante de Nazaré não dá para esquecer que o país está dominado pelo Império Romano. Do Imperador Augusto chega a ordem: todas as províncias do império devem fazer o censo. Obviamente, a finalidade é a taxação de impostos. Cada um tem que ir registrar-se e declarar seus bens em sua cidade natal. José é descendente de Davi e tem que ir a Belém. E Maria, por ser sua esposa, deve acompanhá-lo.

Mas em Belém não há um lugar adequado para o parto. A única possibilidade é um curral. Jesus nasce ali e seu berço é uma manjedoura. O Messias vem ao mundo num lugar marginalizado e em condição de extrema pobreza. Porém, brilha a luz divina e os anjos cantam, dentro da solidariedade das famílias de pastores pobres.

Maria concebeu, carregou em seu ventre e deu à luz Jesus, o Salvador do mundo. Seu sim ao projeto de Deus cumpriu-se em cada pequeno ou grande gesto de cuidado dele, em cada atitude prazerosa ou dolorosa. Ela viveu esse sim ao amamentar, enfraldar, educar, defender, procurar, ouvir, repreender o Filho. Mas também ao segui-lo, como sua discípula número um.

A colaboração da Virgem Maria na encarnação do Filho de Deus foi no plano físico, psicológico, espiritual, pessoal. E por sua maternidade divina ela deu toda a humanidade a Deus.

Entretanto, a plenitude da graça não diminui sua realidade humana. Assim, ela traz toda a riqueza do seu ser mulher. E, como ela, todas e todos somos chamados a ser imaculados no amor.

ORAÇÃO

*Quando, porém, chegou a plenitude do tempo,
Deus enviou seu Filho. Ele nasceu de uma
mulher... (Gl 4,4).*

*Santa Maria, Mãe de Deus,
mãe da humanidade remida, mãe de todas
   as mães!
Roga a teu Filho pelas mães do mundo
   inteiro.
Pelas sem teto, migrantes, refugiadas,
   sozinhas.
Pelas que não têm com que alimentar seus
   filhos.
Pelas bem-realizadas, felizes,
   empreendedoras.
Pelas que sofrem violência, humilhação e
   pavor.
Pelas que têm seus filhos drogados,
   encarcerados.
Pelas ainda meninas, assustadas, inseguras.
Que em cada mãe desabroche toda a força
   da mulher!
Brilhe a nossa dignidade, pois Deus nasceu
   de mulher.
Amém.*

Maria do Desterro

Desde o primeiro momento, a Mãe de Jesus entendeu que não podia ter o Filho só para si. Ele estaria sempre rodeado por pobres, pastores, enfermos, pecadores, magos, fariseus, multidões que pareciam ovelhas sem pastor. Sua missão era salvar a todos, sem excluir ninguém. Sem horários fixos, na gratuidade de Deus.

Participar da missão de Jesus exigiu de sua mãe um aprendizado constante à luz da fé. E isso lhe custou muitos sustos e angústias, como se pode ver na narrativa do Evangelista Mateus, cap. 2:

Assim que Jesus nasceu em Belém, alguns magos do Oriente seguiram o sinal da estrela para irem homenageá-lo. Chegaram a Jerusalém perguntando pelo recém-nascido rei dos judeus. Alarmado, o Rei Herodes reuniu toda a sua cúpula e tomou providência. Chamou secretamente os magos. Mentindo que também iria prestar homenagem ao Menino, os fez prometerem que voltariam para lhe dar informações exatas.

Os magos, seguindo a estrela, encontraram o Menino com sua Mãe. Radiantes de alegria, ajoelharam-se diante dele e lhe ofereceram seus presentes: ouro, incenso e mirra. Depois, avisados em sonho para não retornarem a Herodes, voltaram à sua terra por outro caminho.

Também José foi avisado em sonho pelo anjo de Deus: Herodes ia procurar o Menino para matá-lo. Tinham que fugir no meio da noite, atravessar os perigos do deserto e refugiar-se no Egito até novo aviso. Há aproximadamente 1.250 anos havia ocorrido o êxodo do Povo de Deus. Para se libertarem da opressão do faraó, os hebreus haviam saído do Egito. Mas agora acontecia um êxodo ao contrário. O Egito era refúgio para Maria e José, que fugiam com o Menino.

Foi assim que Maria viveu como desterrada, junto com sua família pobre, estrangeira e tendo que falar uma língua diferente. Era difícil entender! Seu Filho, o Salvador do mundo e descendente da casa real de Davi, tinha a vida ameaçada por Herodes, o causador da morte de muitos inocentes. Mas ela permaneceu firme em sua peregrinação de fé.

Morto o próprio Herodes, foi possível voltar à sua terra, no povoado desprezado de Nazaré. Os desafios continuaram para a mãe, que tinha de proteger e educar seu filho conforme o costume mediterrâneo. E, que susto na peregrinação para Jerusalém, quando Jesus tinha cerca de doze anos! Isso está em Lc 2,41-51. Na volta, após um dia de caminhada, Ele estava desaparecido. Foram três dias de angustiada procura, e o acharam no templo debatendo com os mestres da Lei, todos encantados com sua sabedoria. Uma repreensão saiu do coração da mãe, que acabou guardando em silêncio o questionamento do Filho, que desceu com eles a Nazaré, onde lhes era submisso.

ORAÇÃO

Por que me procuravam? Não sabiam que eu devo estar na casa do meu Pai? (Lc 2,49).

Ó Maria do Desterro, caminheira do
    deserto,
Inspira-me em tua coragem de peregrina da
    fé!
Quando a resposta de um filho soar como
    um turbilhão,
que meu coração palpite, mas aprenda a
    meditar.
Ensina-me a firmeza de cobrar explicação
juntamente com o silêncio da materna
    autoridade.
Que aos pés das caminheiras nunca falte
    resistência.
Que os caminhos não se fechem às que
    procuram saídas.
Protege as que se arriscam em fugas
    imprevisíveis
buscando asilo e refúgio em terras
    desconhecidas.
Que sempre e acima de tudo se cumpra
    inteiramente
a vontade sempre sábia de Deus, que é puro
    Amor!
Amém.

Maria das Dores

Podemos imaginar os olhares, acenos, cochichos das vizinhas e amigas nazarenas, impressionadas com a mãe de Jesus. Tão bondosa, prestativa e de conversa prazerosa! Ela não dizia, mas sofria com as fofocas que chegavam ao povoado. Seu Filho era difamado, acusado de louco. Homens poderosos queriam matá-lo, incomodados com sua convivência e compaixão com os pobres e desprezados. E os parentes o criticavam.

Ela nunca deixou de seguir o Filho e de participar da sua missão, mesmo de longe. Entendeu que a causa do Reino de Deus era maior do que tudo. Colocou-se como membro da nova família, a dos discípulos e das discípulas de Jesus, que ouvem a Palavra de Deus e a põem em prática (Lc 8,19-21).

Nesse seguimento do Filho, foram muitos os contratempos e os espinhos. Muita lágrima foi derramada. Na tradição cristã, o carinho dos que a têm como Mãe se expressa na lembrança de suas sete dores. Sete significa a totalidade da dor que lhe atravessou o coração.

A primeira dor foi na profecia de Simeão, quando Maria e José levaram o Menino para ser apresentado no templo. Simeão reconheceu que Ele era o Messias, e disse à sua mãe: "Eis que este menino vai ser causa de queda e elevação para muitos em Israel. Ele será um sinal de contradição. Quanto a você, uma espada há de atravessar-lhe a alma. Assim serão revelados os pensamentos de muitos corações" (Lc 2,34-35).

A segunda dor foi na fuga para o Egito, porque Herodes queria matar o Menino (Mt 2,13-21).

A terceira dor foi quando Jesus foi procurado durante três dias como desaparecido, sendo encontrado no templo entre os doutores da Lei (Lc 2,41-51).

A quarta dor foi quando Maria encontrou seu Filho carregando a cruz, a caminho do calvário (Lc 23,27-31).

A quinta dor foi quando Maria esteve aos pés da cruz, acompanhando a agonia do Filho (Jo 19,25-27).

A sexta dor foi quando Maria recebeu o corpo do Filho retirado da cruz (Mt 27,55-61).

A sétima dor foi quando Maria viu o corpo do Filho sendo sepultado (Lc 23,55-56).

Maria das Dores é a mulher de coragem e delicadezas, de inteligência e sensibilidade, tão firme na fé que permanece ao pé da cruz onde seu Filho é martirizado. É a mãe cuidadosa que sabe se tornar discípula do próprio Filho.

ORAÇÃO

E vocês imitaram o nosso exemplo e o exemplo do Senhor, acolhendo a Palavra com a alegria do Espírito Santo, apesar de tantas tribulações (1Ts 1,6).

Ó Maria das Dores e da Piedade, das
  Lágrimas e da Consolação,
minha irmã maior na caminhada das
  discípulas de Jesus,
minha mãe no mistério da sua encarnação,
  paixão e ressurreição!
Contemplo tuas sete dores e renovo a minha
  entrega
ao Espírito Divino que enxuga todo pranto.
Debaixo do teu manto busco abrigo e paz de
  espírito
quando desgostos e dores me atravessam a
  alma.
Protege cada mulher machucada, que se
  ergue
com toda a dignidade, aceitando dar as
  mãos
na roda dos que se ajudam e que ajudam o
  mundo
a ser um lugar de paz, de respeito e de amor.
Amém.

Maria das Alegrias

Maria era acostumada a guardar tudo no coração. Em meio à rotina difícil, sabia meditar e falar com Deus. E quando as dores a apunhalavam, mantinha-se forte na fé.

Mas ela também sabia se comprazer quando algo lhe soava como uma feliz surpresa de Deus. Expandia seu júbilo e compartilhava as alegrias com todo o seu ser mulher. Em seu cântico de magnificação de Deus ela proclamou: "meu espírito se alegra em Deus, meu salvador!" (Lc 1,47).

Na tradição devota do povo cristão ficou a recordação das sete alegrias de Maria.

A primeira alegria foi quando o Anjo Gabriel, enviado por Deus, lhe deu esta notícia: "Eis que você vai ficar grávida, terá um filho e dará a ele o nome de Jesus" (Lc 1,31).

A segunda foi quando sua prima Isabel, cheia do Espírito Santo, exclamou num grande grito: "Você é bendita entre as mulheres, e é bendito o fruto do seu ventre!" (Lc 1,42).

A terceira foi no nascimento do seu filho Jesus (Lc 2,1-20). Um anjo apareceu aos pastores e eles ficaram com medo da luz e da glória de Deus que os envolveu. Mas o anjo lhes disse para não terem medo. Anunciou-lhes a boa notícia que seria de grande alegria para todo o povo: "Hoje, na cidade de Davi, nasceu para vocês um Salvador, que é o Messias, o Senhor". E lhes disse que o sinal era um recém-nascido envolto em faixas e deitado na manjedoura. De repente juntou-se uma multidão de outros anjos que cantavam: "Glória a Deus no mais alto dos céus, e paz na terra aos homens por Ele amados".

A quarta foi quando uns magos vieram do Oriente seguindo a estrela que sinalizava o nascimento do rei dos judeus. Eles ficaram radiantes de alegria quando a estrela parou sobre o lugar onde estava o menino. Os magos viram o menino com Maria, sua mãe. Ajoelharam-se diante dele, prestaram-lhe homenagem e lhe ofereceram presentes (Mt 2,1-12).

A quinta foi no reencontro com o filho Jesus, que estava desaparecido na volta de uma peregrinação a Jerusalém. Maria e José o encontraram depois de três dias de angustiada procura. Ele estava no templo, sentado no meio dos doutores. Ouvia, perguntava e também dava respostas cheias de sabedoria, o que deixava todos maravilhados (Lc 2,41-52).

A sexta alegria de Maria, guardada na tradição da fé dos cristãos, foi quando Jesus ressuscitado apareceu a ela.

A sétima, também guardada na tradição, é a da coroação de Maria no céu, glorificada por Deus.

ORAÇÃO

Agora, vocês também estão angustiados. Mas quando vocês tornarem a me ver, vocês ficarão alegres, e essa alegria ninguém tirará de vocês (Jo 16,22).

Virgem e Mãe Maria,
vós que, movida pelo Espírito
acolheste o Verbo da vida
na profundidade da vossa fé humilde,
totalmente entregue ao Eterno,
ajudai-nos a dizer o nosso "sim"
perante a urgência, mais imperiosa do que nunca,
de fazer ressoar a Boa-nova de Jesus.
Vós, cheia da presença de Cristo,
levastes a alegria a João, o Batista,
Fazendo-o exultar no seio de sua mãe.
Vós, estremecendo de alegria,
Cantastes as maravilhas do Senhor [...]
Mãe do Evangelho vivente,
Manancial de alegria para os pequeninos.
Rogai por nós. Amém. Aleluia! (Papa Francisco. Evangelii Gaudium, 288).

III
Mulheres do cristianismo originário

A Igreja dos primeiros séculos era uma rede de comunidades que se expandia, levando ao mundo o fermento novo do Evangelho de Jesus. Eram novos valores e novas relações entre as pessoas. A partir do batismo, todos os membros da comunidade tornavam-se irmãos e compartilhavam tudo o que tinham, sem que ninguém ficasse excluído ou discriminado.

As mulheres passaram a ter toda a sua dignidade reconhecida e respeitada. Muitas delas se destacavam em serviços importantes, inclusive como líderes e apóstolas. E por causa da urgência em espalhar a boa-nova de Jesus, a dedicação das viúvas e a virgindade consagrada passaram a ter bastante importância.

Porém, tudo isso incomodava as autoridades do império e a sociedade, que queria a continuidade das suas formas de dominação. Daí o grande número de mártires da fé cristã. E entre eles, muitas mulheres.

Nós nos gloriamos também nas tribulações, sabendo que a tribulação produz a perseverança, a perseverança produz a fidelidade comprovada, e a fidelidade comprovada produz a esperança. E a esperança não engana, pois o amor de Deus foi derramado em nossos corações pelo Espírito Santo que nos foi dado (Rm 5,3-5).

Tecla de Icônio

Temos informações sobre Tecla em Atos de Paulo e Tecla, um livro escrito por volta do século II, que não faz parte da Bíblia, mas é muito valorizado, principalmente na Igreja Ortodoxa. Ela viveu no século I e era de Icônio, atualmente Turquia.

Aconteceu que o Apóstolo Paulo foi a Icônio e hospedou-se na casa de Onesóforo, vizinho de Tecla. E ela, da janela de sua casa, ouviu a pregação do apóstolo. Estava noiva de Thamyris. Porém, a partir de então, converteu-se ao cristianismo, desistiu do casamento e passou a dedicar sua vida à pregação do Evangelho.

Sua mãe, inconformada, opôs-se aos planos da filha. E seu noivo a delatou para o prefeito da cidade. Tecla foi posta na prisão, mas subornou os guardas com seus ornamentos de ouro e escapou. Foi ao encontro de Paulo, que a instruiu nos ensinamentos de Jesus. Três dias depois, foi encontrada pelos servos da sua família, que a levaram à força. Ela permaneceu firme em sua decisão. Por isso, a mando de sua mãe, foi condenada à fogueira. Diz a tradição que, ao entrar no fogo, ela fez um sinal da cruz sobre si. Imediatamente uma luz a cercou, as chamas não conseguiram tocá-la e veio uma forte chuva de granizo. O fogo se apagou e os algozes dispersaram-se apavorados.

Ela abandonou a cidade e foi ao encontro do Apóstolo Paulo, que estava nos arredores, refugiado numa caverna junto com seus companheiros. Acompanhou Paulo em sua viagem missionária a Antioquia, na Pisídia. Porém, lá estava um jovem da nobreza chamado Alexandre. Visumbrado por sua beleza, pediu-a em casamento. Diante da recusa de Tecla, ele ficou furioso. Tentou raptá-la e ela entrou em luta corporal com ele. Por agredir um nobre, foi levada a julgamento e condenada. Enfrentou torturas e, em diversas ocasiões, foi milagrosamente salva da morte. Então foi libertada.

Tecla tornou a encontrar-se com Paulo apóstolo por duas vezes. Fixou-se numa região isolada nas proximidades de Selêucia Isáuria, onde pregava o Evangelho e curava os enfermos, sendo ainda perseguida. Ela converteu muitas pessoas ao cristianismo. Morreu com a idade de 90 anos. No lugar da sua sepultura foi erguida uma grande igreja. Depois, suas relíquias foram levadas para a Catedral de Milão, na Itália, onde permanecem. Ela logo passou a ser muito venerada no Oriente, considerada igual aos apóstolos e a primeira mártir entre as mulheres cristãs. Desde o século IV também é venerada no Ocidente.

ORAÇÃO

Uma Igreja sem as mulheres é como o Colégio Apostólico sem Maria [...]. A Igreja é feminina, é esposa, é mãe (Papa Francisco).

*Entrego-me inteiramente ao serviço do teu
    Evangelho,
ó Jesus, Filho de Maria e Filho de Deus
    vivo!
Seja qual for meu trabalho, o meu estado de
    vida,
o ambiente em que vivo, as pessoas com
    quem estou,
o grau de estudo que tenho, minha história
    e meu lugar.
Se sou batizada, sou consagrada e
    comprometida
como participante do teu serviço ao Reino
    do Pai:
serviço de rei-pastor, de profeta e sacerdote.
Tão imensa é minha gratidão a ti,
como a minha responsabilidade.
Ajuda-me a ser fiel.
Amém.*

Perpétua e Felicidade

Na cidade de Cartago, ao norte da África, viviam as jovens Perpétua e Felicidade. Era o início do terceiro século e aquela região era dominada pelo Império Romano. O imperador era Septimio Severo, que perseguia os cristãos. Perpétua era rica, de família nobre e pagã, mas ela havia se tornado cristã. E Felicidade era sua escrava.

As duas foram presas no ano 203. Perpétua, com 22 anos, era mãe de um bebê recém-nascido. E Felicidade, com cerca de 20 anos, estava grávida de oito meses. As duas sofreram atrocidades, mas permaneceram unidas e firmes na fé, dando ânimo uma à outra. Perpétua escreveu um diário na prisão. Além de narrar o sofrimento pelo qual passavam, escreveu ensinamentos maravilhosos sobre a fé e a esperança cristã na vida eterna.

O pai de Perpétua foi visitá-la na prisão, insistindo em que ela renunciasse à fé cristã e salvasse a sua vida. Mas ela preferiu morrer do que negar Jesus Cristo, o Senhor da sua vida.

Felicidade pedia a Deus todos os dias que fizesse seu filho nascer antes que ela fosse executada. E assim aconteceu. Ela sofreu muito no parto, mas seu filho nasceu livre, dois dias antes do martírio dela.

Na mesma prisão estavam outros seis cristãos que as ajudavam a serem firmes na fé. Elas ali receberam o Batismo.

Os seis foram martirizados primeiro, jogados na arena aos leopardos famintos. Depois, Perpétua e Felicidade foram jogadas a touros selvagens. Perpétua, mesmo ferida, ao ver Felicidade caída, foi até ela, deu-lhe a mão, ajudou-a a se levantar e a recompor-se. E a multidão, vendo as duas de pé, diminuiu sua fúria. Elas foram levadas para fora. Perpétua foi recebida por Rusticus, seu amigo catecúmeno. Este percebeu que ela havia tido um êxtase. E ela recomendou: "Permaneçam firmes na fé. Amem-se uns aos outros. Não deixem nossos sofrimentos serem objeto de escândalo para vocês".

O povo exigiu que as duas fossem levadas de volta à arena para que ele apreciasse o "espetáculo". Elas, antes de consumar-se o martírio, deram-se o beijo da paz como os cristãos costumavam fazer. Em seguida foram degoladas.

Perpétua e Felicidade, mães jovens e mártires da fé cristã, também deram testemunho da nova relação vivida na comunidade cristã a partir da vida nova em Cristo. Todos viviam como irmãos, inclusive os escravos.

ORAÇÃO

Eu disse essas coisas para que vocês tenham a minha paz. Neste mundo vocês terão aflições, mas tenham coragem, eu venci o mundo (Jo 16,33).

Ó Jesus, martirizado na cruz e vencedor na
  ressurreição,
tem piedade das mães que sofrem pela dor
  de seus filhinhos!
Das que foram separadas deles e não podem
  amamentá-los,
das que pariram numa prisão, na rua, em
  condições precárias,
das que têm seus bebês doentes e não podem
  aliviar sua dor.
Dá-nos tua coragem e tua paz, ó Senhor
  Ressuscitado,
para que unidas a ti sejamos irmãs umas
  das outras,
e em redes solidárias nos tornemos bem
  mais fortes
para lutar pelo bem dos nossos filhos.
Amém.

Cecília, a Romana

Pouco se sabe da história da jovem romana Cecília, popularmente conhecida como padroeira dos músicos. Mas, há um relato sobre ela intitulado "Paixão". É um testemunho do seu martírio, escrito no final do século V. Além disso, em Roma há uma basílica dedicada a ela, que foi construída nessa mesma época.

Cecília é do século III do cristianismo. Nasceu em Roma, de uma família rica e pertencente à nobreza romana. Sempre ia às catacumbas da Via Ápia, onde Urbano, bispo de Roma, estava refugiado e celebrava a Eucaristia. Ali Cecília era aguardada por uma multidão de pobres, que já conheciam a sua generosidade em ajudá-los.

Seu martírio foi por volta do ano 230, quando o imperador romano era Alexandre Severo. Nesse tempo, muitas pessoas da nobreza se converteram ao cristianismo. Mas, povos bárbaros ameaçavam invadir o império, que ficava marcado por crises e incertezas. Para os cristãos, havia períodos de maior tolerância, mas também períodos de perseguição.

Cecília era noiva de Valeriano. Porém, sem que a família soubesse, havia feito voto de permanecer virgem. No dia das núpcias, enquanto os órgãos tocavam, ela cantava em seu coração somente para o Senhor. À noite ela disse a Valeriano: "Nenhuma mão humana pode me tocar, pois sou protegida por um anjo. Se tu me respeitares, ele amará a ti, como me ama". Surpreso, Valeriano disse que queria ver o anjo, e ela lhe explicou que ele teria que receber o Batismo. E como ele mostrou boa disposição, ela o enviou ao Bispo Urbano. Após receber as instruções, ele foi batizado pelo bispo. Ao voltar para casa, ficou deslumbrado ao ver o anjo de Cecília.

Vendo o exemplo de Valeriano, seu irmão Tibúrcio também se converteu ao cristianismo, e os dois converteram Máximo. Os três foram martirizados em Roma por ordem do prefeito Túrcio Almáquio.

Não demorou, e também Cecília foi citada ao tribunal de Almáquio por ser cristã. Condenada à morte por asfixia no *calidarium* (vapor quente) de sua própria casa, ela permaneceu viva, e então Almáquio ordenou que a decapitassem ali mesmo. Mas o algoz tremeu ao lhe dar os golpes no pescoço, e ela agonizou durante três dias. Durante esse tempo, confirmou na fé cristã seus familiares e doou seus bens à Igreja. Não podia falar, e então professava com os dedos sua fé em Deus Uno em Três Pessoas. Morreu e foi sepultada ao lado da sepultura dos bispos. Sua casa foi transformada em igreja.

ORAÇÃO

O Espírito e a Esposa dizem: Vem! Aquele que escuta isso, também diga: Vem! Quem estiver com sede, venha! E quem quiser, receba de graça a água da vida (Ap 22,17).

Senhor Deus, Uno e Trino,
comunidade estupenda de amor infinito,
ensinai-nos a contemplar-vos
na beleza do universo,
onde tudo nos fala de vós... (Papa Francisco).

Que não falte música ao meu coração,
na dor, na alegria, em cada momento,
sozinha ou em coro, com fé e esperança.
Que eu seja um canto de amor verdadeiro,
de amor humano, livre, apaixonado,
de cumplicidade e de compromisso,
que transmita sempre vosso amor, ó Deus.
Amém.

Luzia, olhos da graça

Luzia, ou Lúcia, traz a luz já em seu nome. Nasceu em Siracusa, na Itália, no final do século III do cristianismo. Sua família era rica e cristã. Ainda pequena ficou órfã de pai. A mãe, Eutíquie, prometeu dar a mão da filha em casamento a um jovem da mesma cidade. No entanto, Luzia tinha feito voto de conservar-se virgem por amor a Cristo. E como sua mãe ficou gravemente doente, ela conseguiu adiar a questão do casamento.

Luzia era muito devota de Águeda, uma virgem cristã martirizada meio século antes em Catânia, na Sicília. Para o túmulo dessa santa levou sua mãe enferma em peregrinação. A mãe, ao voltar curada, concordou com o voto da filha e também consentiu que ela distribuísse aos pobres da cidade o seu dote, que chegava a ser uma pequena fortuna.

Mas o pretendente ao casamento, para se vingar, foi até o procônsul Pascásio e acusou Luzia de ser cristã. De fato, os cristãos estavam sendo perseguidos. O imperador romano Diocleciano decretou medidas para acabar com as comunidades deles: destruição das suas salas de reunião, retirada dos livros bíblicos e litúrgicos, cassação dos direitos civis e militares de quem se declarasse cristão. Acabou obrigando todo o povo cristão a oferecer sacrifícios aos deuses pagãos. Muitos cristãos se recusaram;

por isso, nessa fase do início do quarto século foi grande o número de mártires.

Pascásio ameaçou expor Luzia na casa de prostituição para que ela fosse desonrada, mas ela lhe respondeu: "O corpo se contamina se a alma consente". Então ele mandou que passassem da ameaça aos fatos. Porém, ela ficou tão pesada que nem dezenas de homens conseguiram movê-la.

Luzia foi julgada e condenada. Passou por suplícios cruéis, até que lhe deram um golpe de espada na garganta, e ainda assim ela continuou testemunhando sua fé, dizendo ser templo do Espírito Santo e confessando: "Adoro a um só Deus verdadeiro, e a Ele prometi amor e fidelidade". Foi decapitada. Era o ano 304. No seguimento de Jesus, a luz do mundo, ela foi até às últimas consequências.

A devoção a ela se espalhou rapidamente, no Ocidente e no Oriente. Em 1894 foi descoberta a inscrição sepulcral em sua tumba, nas catacumbas de Siracusa. Comprovou-se assim a história dessa mártir do cristianismo.

Luzia é a jovem mulher portadora de luz, que nos ensina a enxergar a realidade sobrenatural. Dante Alighieri, em sua obra *Divina comédia*, atribui a ela a função de graça iluminadora.

ORAÇÃO

Jesus continuou dizendo: Eu sou a luz do mundo. Quem me segue não andará nas trevas, mas possuirá a luz da vida (Jo 8,12).

Vem ó Espírito Divino, luz dos corações!
Limpa a minha visão de toda mancha,
cura as janelas da minha alma,
abre meus olhos à transparência da justiça!
Que meu olhar seja crítico onde há mentira
e ilusão,
que seja encorajador onde há medo e
incerteza.
Na Palavra de Jesus alimento o meu espírito
para que meu ser mulher transmita a divina
Luz.

Vem, Santa Luzia, de noite e de dia,
trazer-me esta luz dos braços da cruz!
Rogo a ti que me dês boa visão
para que eu possa ver as maravilhas da
criação (reza popular).

Inês de Roma

O nome Inês, em latim significa cordeirinho, e em grego significa casta, pura. Ela nasceu em Roma, no final do século III, e era descendente de uma família nobre e poderosa. Os pais a educaram desde pequena na fé cristã, e assim que ela pode entender, ofereceu-se a Deus com o voto de virgindade. Diversos jovens de famílias romanas importantes a pediram em casamento, mas ela sempre respondia que o seu coração já pertencia a um esposo invisível.

Os pretendentes passaram a denunciá-la por ser cristã. E debaixo do poder do Imperador Diocleciano, quando alguém era acusado de cristão corria risco de morte. Ela era ainda muito jovem, mas foi levada a um tribunal. Lá o juiz seguiu o que era de praxe na justiça romana: elogios, desculpas, galanteios e promessas, tentando fazê-la abandonar a comunidade cristã. Como não adiantou, fez ameaças e imposições, insultando-a e tratando com brutalidade.

Inês foi arrastada com violência a um lugar onde estavam imagens de deuses, e intimada a fazer rituais de adoração. Mas ela ergueu suas mãos para fazer o sinal da cruz. Enfurecido, o juiz mandou que ela fosse exposta nua numa casa de prostituição. Conta-se que ao chegar lá ocorreram milagres, e que uma luz vinda do céu a protegeu, de maneira que ninguém ousou aproximar-se dela.

Então, o Prefeito Simprônio passou o caso ao vice-prefeito, Aspásio, que era um homem muito cruel.

Após novo interrogatório, a menina foi condenada a ser queimada viva. Mas as chamas, ao invés de a tocarem, pegaram em seus algozes e muitos deles morreram. O juiz se sentiu humilhado com a vitória dela e deu ordem para que ela fosse decapitada. Mas, antes de executar a sentença, o algoz tinha que convidar Inês para que prestasse obediência à intimação do juiz. Ela se recusou. Ajoelhou-se e inclinou a cabeça para adorar a Deus pela última vez aqui na terra. E a espada do algoz lhe deu o golpe mortal.

Inês foi assim martirizada, com apenas 13 anos de idade, no ano 304. Seus pais sepultaram o seu corpo num terreno próximo à Via Nomentana. Depois a Princesa Constantina, filha do Imperador Constantino, mandou que ali fosse construída a Basílica de Santa Inês Fora dos Muros.

Inês é exemplo de pureza e fé corajosa. Seu testemunho como virgem e mártir cristã é lembrado pelos noivos. Sendo mulher de tão pouca idade, com a graça do Espírito Santo e com muita sabedoria, ela permaneceu fiel a Jesus Cristo.

ORAÇÃO

Felizes os puros de coração, porque verão a Deus! (Mt 5,8).

Ó Jesus, cordeiro de Deus
que tira o pecado do mundo!
Salva as jovens e as meninas
das armadilhas dos perversos.
Dá-nos coragem e senso crítico
para manter puro o nosso coração
quando precisamos caminhar na lama
dos esquemas corrompidos da sociedade e
das religiões.
Ajuda-nos a desmascarar a mentira e a
dominação,
mantendo a verdade em nossas palavras
e defendendo os valores do teu Evangelho.
Que nosso coração seja puro,
e nosso olhar seja transparente.
Que os direitos humanos sejam respeitados
e a dignidade humana te glorifique.
Glória a ti, Senhor!

Bárbara de Nicomédia

Bárbara nasceu na cidade de Nicomédia, região da Bitínia, onde hoje é a Turquia. Era o final do século III. Seu pai, Dióscoro, homem rico e ilustre, logo ficou viúvo. E como a filha tinha uma extraordinária beleza, confinou-a numa torre para preservá-la da sociedade corrupta. E para ela chamou professores de sua confiança.

Porém, a prisão acabou abrindo a mente e o coração de Bárbara. Do alto da torre ela contemplava as maravilhas da natureza e, em seu pensamento, questionava se tudo era mesmo criação dos deuses. Buscava alguém mais inteligente e poderoso.

Com a idade de se casar, o pai a tirou da torre e passou a apresentá-la aos pretendentes, que eram muitos. Mas Bárbara via neles superficialidade e ansiava por algo mais profundo. O pai, achando que suas recusas eram pelo longo tempo em que ficou isolada na torre, permitiu que ela frequentasse a cidade.

Foi assim que ela conheceu os cristãos de Nicomédia. Eles lhe passaram as mensagens de Jesus Cristo e lhe falaram do mistério da Santíssima Trindade. Tudo isso tocou profundamente o seu coração e ela se converteu ao cristianismo. Em Jesus encontrou o sentido mais profundo da sua vida. Foi batizada por um padre de Alexandria, que havia chegado a Nicomédia disfarçado de mercador.

O pai, que não sabia da conversão da filha, mandou construir para ela uma luxuosa casa de banho, tendo um lado com duas janelas. E ela, aproveitando-se que o pai partiu para uma viagem, fez com que fossem construídas três janelas, em honra da Santíssima Trindade. Além disso, ela mesma esculpiu uma cruz. Diante do pedido de explicação do pai, Bárbara lhe falou dos símbolos de sua nova fé.

Furioso, Dióscoro denunciou a filha ao governador da cidade. E tentando fazê-la renegar sua fé, deu ordem para que ela fosse torturada em praça pública. Mas ela enfrentou os tormentos com firmeza. No entanto, uma jovem cristã chamada Juliana passou a denunciar em voz alta os nomes dos carrascos. Como isso era proibido, Juliana foi presa junto com Bárbara. As duas foram violentamente espancadas e levadas amarradas pelas ruas, no meio dos gritos furiosos da multidão. Foram decapitadas. Quanto a Bárbara, o próprio pai lhe cortou a cabeça. Um raio riscou o céu e se ouviu o estrondo de um trovão. Foi quando ele caiu morto, atingido por um raio.

A virgem mártir Bárbara ensina os jovens a defenderem sua liberdade de escolha. E a buscar a verdade com o coração aberto e sincero.

ORAÇÃO

...Pedro e os outros apóstolos responderam: "É preciso obedecer antes a Deus do que aos homens" (At 5,27).

Ó Trindade Santíssima e Bendita,
aqui estou diante do teu mistério,
em silêncio de fé e adoração.
Pai Criador, que em teu colo nos cuidas,
Jesus Redentor, que nos amas até o fim,
Espírito renovador, que nos dás sabedoria,
liberta cada mulher das torres que
aprisionam.
Faze-me livre, consciente, aberta a
participar
do humanismo que enfrenta os raios e
tempestades
das agressões desumanas, da violência que
destrói.
Com as filhas de Iansã e com todas as
guerreiras,
na liberdade daqueles que escolhem o bem
comum,
serei mulher solidária com minha fé e ação.
Amém.

Mônica, mãe de Agostinho

Que amor incansável o da mãe cristã que quer ver sua família fiel ao projeto de Deus! Falamos de Mônica, a mãe de Agostinho de Hipona. Nascida em 332 no norte da África, foi dada em casamento a Patrício, homem rico e de posição social importante na cidade, mas que a fez sofrer por ser rude e violento.

Mônica teve com ele dois filhos e uma filha. Com sua paciência e mansidão, sempre dava um jeito de ajudar as pessoas mais pobres. E com todas as suas forças, em preces sem cessar, dedicou-se à conversão da sua família ao cristianismo. Teve de enfrentar ultrajes e muito sofrimento, mas alcançou essa graça.

Ela lutou principalmente pela conversão do filho mais velho, Agostinho. Todo entregue aos vícios, ele causava sofrimento à mãe, que já era viúva. Mas ela nunca desistiu. Um bispo confortou-a com estas palavras: "Fica tranquila. É impossível que pereça um filho de tantas lágrimas!"

Em seu coração de mãe, Mônica sabia unir afeto e firmeza. Agostinho era de uma inteligência admirável e era professor de retórica. Mas, em sua busca apaixonada pela verdade, embrenhava-se em ideias estranhas. Finalmente converteu-se, já com mais de 30 anos de idade. E que conversão!

Agostinho transferiu-se para Milão, na Itália, com sua mãe. Ela o levou para ouvir os célebres sermões do bispo Ambrósio, que também era mestre em retórica. Com os sermões do santo bispo de Milão, a leitura da Bíblia e o exemplo de vida dos santos, ele se converteu de fato. Batizado aos 33 anos, passou a uma vida de estudos e oração. Tornou-se padre, bispo, e um dos mais importantes Pais da Igreja. Escreveu obras importantíssimas de filosofia, teologia e espiritualidade, além do livro chamado *Confissões*, que narra sua vida de pecador e a sua conversão.

Mônica morreu em 387. Antes, disse ao filho já convertido: "Uma única coisa me fazia desejar viver ainda um pouco: ver-te cristão antes de morrer". E Agostinho escreveu a respeito de sua mãe: "Ela me gerou, seja na sua carne para que eu viesse à luz do tempo, seja com o seu coração para que eu nascesse à luz da eternidade".

Mônica é a mulher determinada, inteligente e ativa na vivência da sua fé cristã. Lembrada hoje como padroeira das associações de mães cristãs, ela nos dá seu testemunho de fidelidade à Igreja.

ORAÇÃO

Tarde te amei, ó beleza tão antiga e tão nova, tarde te amei! Eis que estavas dentro e eu fora. Estavas comigo e não eu contigo. Exalaste perfume e respirei. Agora anelo por ti. Provei-te, e tenho fome e sede. Tocaste-me e ardi por tua paz (Agostinho. Confissões).

*Neste silêncio pesado, no escuro e no
   sobressalto,
sou a mulher que acende a teimosia de uma
   chama
na vela que se consome, mas que faz luz e
   que aquece.
Em teu abraço e perdão, ó Pai
   misericordioso,
Jogo-me inteira e te imploro: prepara o meu
   coração
para o que der e vier, para o que for
   necessário.
Que eu seja forte e sincera, firme nas
   minhas razões,
mas que seja bem mais forte teu amor
   dentro de mim.
Quero abraçar com teus braços, amar com
   o teu amor!
Amém.*

IV
Mulheres cristãs das épocas medieval e moderna

A partir do século V da era cristã, quem quisesse seguir o Evangelho para valer tinha que procurar novos meios. Ser cristão havia se tornado algo muito fácil, mais de fachada que de convicção e compromisso. O Império Romano parou de perseguir os cristãos e adotou a religião cristã como religião do Estado. Depois tornou-a religião obrigatória, passando a perseguir, escravizar, torturar e matar quem não fosse cristão.

Foi quando alguns começaram a viver na solidão do deserto, despojados de todo o conforto e com o coração totalmente aberto à ação de Deus. Passaram a peregrinar para os lugares referenciais da fé. Ser seguidor de Jesus era entregar-se à oração e contemplação dos mistérios divinos, e também ajudar os pobres e necessitados. Fazer-se pobre e solidário com os pobres e os doentes, como fizeram Francisco e Clara de Assis e também outros, contrastava com a maioria das autoridades da Igreja, que acumulava riquezas e privilégios, corrompia-se e oprimia o povo.

Nessa época não faltaram mulheres de profunda espiritualidade, caridosas, sábias e verdadeiras testemunhas do Evangelho. Mesmo incompreendidas, perseguidas e até martirizadas, elas ajudaram a Igreja a voltar para o caminho de Jesus.

Louvado sejas, meu Senhor,
com todas as tuas criaturas,
especialmente o meu senhor irmão sol,
o qual faz o dia e por ele nos alumia.
E ele é belo e radiante com grande esplendor;
de ti, Altíssimo, nos dá ele a imagem.
Louvado sejas, meu Senhor,
pela irmã lua e pelas estrelas,
que no céu formaste claras, preciosas e belas.
Louvado sejas, meu Senhor, pelo irmão vento,
pelo ar, pela nuvem, pelo sereno, e todo o tempo,
com o qual, às tuas criaturas, dás o sustento.
Louvado sejas, meu Senhor, pela irmã água,
que é tão útil e humilde, e preciosa e casta.
Louvado sejas, meu Senhor, pelo irmão fogo,
pelo qual iluminas a noite:
ele é belo e alegre, vigoroso e forte (Cântico de
Francisco de Assis).

Hildegarda de Bingen

Foi em Bermershein, na Alemanha, que nasceu Hildegarda de Bingen, no ano de 1098. Era a décima filha de uma família da pequena nobreza do lugar. Desde bem pequena tinha visões místicas, ou seja, sua visão alcançava o que está além da sensibilidade humana.

A partir de 8 anos recebeu educação e instrução conforme o modo de vida dos monges beneditinos. Vivia num eremitério muito simples e pequeno, anexo ao mosteiro beneditino, em oração e fazendo trabalhos manuais. Continuava a ter visões, mas, sem saber explicá-las, dizia que via e ouvia as coisas em sua alma. Com 16 anos fez seus votos definitivos e ingressou na Ordem, como monja beneditina.

Como ela mesma escreveu, em 1141, aos 42 anos, teve uma experiência de visão muito marcante. O céu se abriu e uma luz de brilho intenso entrou em seu cérebro e aqueceu seu coração. De repente ela passou a entender os textos da Bíblia. E uma voz lhe dizia para escrever o que via. Porém, julgando-se indigna e temendo o que lhe iriam dizer, entrou em crise e adoeceu. Um monge a incentivou a escrever alguma coisa em segredo. Seis anos depois ela escreveu uma carta a Pedro de Claraval, pedindo-lhe orientação para o seu dom. Ele respondeu incentivando-a a confiar no seu próprio julgamento, mas também pediu ao Papa Eugênio III que lesse os escritos iniciais dela. O papa enviou uma comissão para examinar os escritos e depois mandou uma carta a Hildegarda aprovando suas visões.

Então ela assumiu firmemente sua missão. Começou a pregar em público, o que naquela época só era permitido a homens. Como uma das figuras mais importantes da Europa no século XII, foi mística, teóloga, cientista, compositora musical, pregadora, médica naturalista, escritora. Entendia o universo de uma maneira mística e integrada, diferente dos teólogos e cientistas da sua época. Mas sempre foi fiel à Igreja, inclusive combatendo as heresias e a corrupção do clero. E mesmo sendo tão culta e influente, era humilde e fiel a Deus.

Hildegarda de Bingen, mulher de grande carisma e beleza, também era uma cientista muito popular que cuidava da saúde das pessoas. Falava e agia com autoridade. Foi abadessa de dois mosteiros. E escreveu obras muito importantes de medicina, teologia e filosofia, como também composições musicais. Também escreveu muitas cartas endereçadas a papas, bispos, reis e imperadores, sem medo de reprová-los em suas atitudes erradas.

Ela morreu com 81 anos, em 1179. Em 2012, o Papa Bento XVI a proclamou doutora da Igreja.

ORAÇÃO

O Espírito Santo, vida vivificante, é o motor de tudo e a raiz de toda criatura. Purifica tudo da impureza, apagando os pecados, suavizando as feridas. Ele é assim a vida fulgurante e digna de louvor, que desperta e reanima a todas as coisas! (Hildegarda de Bingen).

Ponho-me em oração na respiração do universo.
Do jeito como sou e imperfeita como me sinto
quero estar na claridade dos teus segredos e mistérios,
ó Divino Espírito de Sabedoria e Amor!
Ajuda-me a me conhecer melhor,
a descobrir os dons que me deste
para cumprir com amor e alegria
minhas tarefas do dia a dia.
Que minha presença irradie o bem
e minhas mãos tragam a energia
que cura e anima a quem está debilitado.
Amém.

Edwiges, a duquesa dos desvalidos

Edwiges viveu na Idade Média. Nasceu em 1174, de família nobre, numa região da Europa Central chamada Silésia, entre a Alemanha Oriental e a Polônia. Educada na fé cristã, viveu de modo simples, humilde e austero, apesar do ambiente de luxo e riqueza em que foi criada.

Aos 12 anos casou-se com Henrique, duque da Silésia, e o conduziu no caminho da fé cristã, assim como os seis filhos que teve com ele.

Amiúde o marido ia para as guerras e ficava ausente por muito tempo. Edwiges então ia visitar as famílias do reino que sofriam na miséria, e as socorria. Ela era mulher culta, inteligente e de coração compassivo. Descobriu como os grandes proprietários de terra prejudicavam os lavradores, inclusive os pequenos sitiantes, cobrando-lhes uma quantia pesada. Eles ficavam endividados e iam parar na prisão, pois no inverno rigoroso as colheitas não rendiam quase nada. Suas famílias ficavam abandonadas.

Foi especialmente a situação dramática das mulheres que moveu Edwiges à compaixão. Era grande o número das viúvas que perdiam o marido na guerra. Muitas se prostituíam para sustentar os filhos, ou vagavam pelas ruas à espera de algum socorro, ficando expostas ao estupro, à humilhação e a todo tipo de maldade.

Edwiges tinha a seu dispor o seu dote de casamento. Com o dinheiro desse dote passou a construir conventos para abrigar viúvas e órfãos. Usava até de diplomacia para interceder pelos pobres. Sabia influenciar o marido nas decisões políticas, conseguindo que se fizessem leis mais justas a favor do povo. Seu castelo nunca fechava as portas para os peregrinos e penitentes que se dirigiam a Roma. Dava-lhes acolhida, hospedagem, alimento e os meios necessários para a viagem penosa.

Dois de seus filhos morreram ainda pequenos. O marido também veio a falecer. Edwiges então foi para o mosteiro de Trébnitz, na Silésia, atual Trzebnica, na Polônia. Ali viveu santamente, socorrendo os pobres e desvalidos, construindo hospitais, escolas, igrejas e conventos. Morreu em 1243, com a idade de 69 anos.

Edwiges, mulher caridosa que dedicou sua vida à promoção humana, manteve-se sempre no caminho da fé cristã. É invocada como intercessora junto a Deus nas situações de problemas financeiros. Seu exemplo de vida encoraja as pessoas que procuram emprego e que lutam para pagar suas dívidas, para sair da miséria e viver com dignidade.

ORAÇÃO

A própria beleza do Evangelho nem sempre a conseguimos manifestar adequadamente, mas há um sinal que nunca deve faltar: a opção pelos últimos, por aqueles que a sociedade descarta e lança fora (Papa Francisco. Evangelii Gaudium, *212).*

Ó Pai amoroso e provedor de tudo,
tem piedade dos teus filhos que padecem na
*   miséria!*
O desemprego ameaça, as dívidas tiram o
*   sono*
e a ilusão do consumismo é tentação a toda
*   hora.*
Que brilhe dentro de nós tua imagem e
*   semelhança.*
Que sempre fale mais alto nossa dignidade
*   humana.*
Venha o teu Reino de amor, de justiça e de
*   paz*
que passa quem era último para o primeiro
*   lugar.*
Perdoa-nos as nossas dívidas,
assim como nós perdoamos aos nossos
*   devedores!*
Amém.

Veridiana, a peregrina

Veridiana nasceu em Castelfiorentino, na região da Toscana, na Itália. Nasceu em 1182. Sempre foi generosa em ajudar os pobres que sofriam pela carestia e fome. Durante alguns anos foi governanta de uma família rica.

No entanto, ela percebeu que sua vocação era a de viver toda para Deus. Deixou tudo para seguir a vontade de Deus, trabalhando para servir aos pobres e peregrinos. Fez uma peregrinação a Roma junto com muitos romeiros, para orar nos túmulos dos apóstolos Pedro e Paulo e dos primeiros mártires cristãos. Foi a pé, descalça, pedindo esmola, e conta-se que chegou a ferir-se gravemente.

Ela tinha 30 anos quando fez uma peregrinação a Santiago de Compostela, na Espanha. Depois passou a uma vida de solidão, penitência e caridade, como sempre desejou. Em Castelfiorentino, ao lado do oratório do abade Santo Antão, mandou construir uma pequenina cela. Vestiu a roupa rústica dos eremitas e enclausurou-se por livre e espontânea vontade. Em seguida, mandou emparedar a entrada, deixando só uma pequena janela aberta, por onde poderia receber pão e água.

Veridiana tornou-se muito conhecida. Era visitada por muitas pessoas pobres, aflitas a atribuladas. Consolava a cada um com sua palavra de fé e seu exemplo de virtude heroica. E tudo o que recebia da caridade das pessoas da sua cidade, distribuía aos pobres. Em 1221, o próprio Francisco de Assis esteve entre as pessoas que a visitaram. Francisco deu-lhe a bênção.

Ela viveu nessa cela por 34 anos. Dormia no chão e passava por todo o desconforto, inclusive com animais que ali entravam. Conta-se que uma vez entraram duas serpentes, e ela não as afugentou. Por isso ela é representada com duas serpentes.

Em 1242, houve um dia em que, de repente, todos os sinos do Castelflorentino começaram a repicar ao mesmo tempo. Os moradores de Florença, vendo que os sinos tocavam sozinhos, entenderam que Veridiana havia morrido. No lugar da sua cela foi construído um santuário. E logo os devotos passaram a invocar sua intercessão, inclusive como protetora do presídio feminino de Florença.

Veridiana, mulher toda entregue à ação do Espírito Santo, foi uma penitente alegre e caridosa. Viveu até os 60 anos. Na sociedade da sua época, marcada pela busca desenfreada de prazeres passageiros, pela ambição que provocava guerras e pelo sofrimento de muitos pobres, ela apontou que em Jesus Cristo está o caminho da felicidade.

ORAÇÃO

Tu que sopras onde queres,
Vento de Deus dando vida,
sopra-me, sopro fecundo,
sopra-me vida em teu sopro!
(Pedro Casaldáliga).

Ó *Espírito Divino, que acompanhaste o Povo de Deus em sua peregrinação pelo deserto, como nuvem protetora! Não permitas que eu me afaste da tua sombra e da tua luz.*

Ajuda-me a me desapegar das coisas supérfluas, que se tornam peso em minha peregrinação e me impedem de ajudar os irmãos a carregarem os seus fardos.

Ensina-me a criar dentro de mim um deserto de silêncio, para que Tu possas me falar ao coração. Uma solidão solidária, fértil, fecunda, que faça bem a mim e aos que vivem ao redor de mim. Amém.

Clara de Assis

Em Assis, na Itália, vivia Francisco. Ele, de família da nobreza dos Bernardone, ouviu uma voz diante das ruínas da Igreja de São Damião: "Francisco, reconstrói a minha Igreja!" Despojando-se de tudo, ele foi viver nos passos de Jesus, junto dos mais pobres e doentes. Outros jovens ricos o seguiram e formou-se uma fraternidade dos mendigos de Assis.

Outra família nobre e muito rica de Assis era a dos Favarone, na qual nasceu Clara, em 1194. Desde pequena ela tinha amor às pessoas simples e desprezadas. Com 16 anos passou a sair em segredo do palácio onde vivia, para ir conversar com Francisco. Foram dois anos de encontro, na vivência do Evangelho em sua pureza e simplicidade. A identificação com os pobres e a doação a eles fez nascer entre Clara e Francisco o mais puro amor, que se doa inteiramente aos rejeitados da sociedade.

Em 1212, com 18 anos, a bela Clara fugiu para ingressar na fraternidade de Francisco. Na capelinha da Porciúncula, Francisco cortou-lhe os cabelos loiros. Ela se despojou do rico vestido e passou a usar o das mulheres pobres, de tecido rústico e não tingido. Depois de cânticos alegres, foi levada para o convento das monjas beneditinas.

Logo chegou sua irmã Catarina, de 15 anos, que também fugiu de casa. A família tentou arrastar de volta as filhas. Clara resistiu, agarrando-se às toalhas do altar e mostrando seus cabelos cortados. Para sua irmã implorou a ajuda de Deus, e então ela ficou tão pesada que ninguém conseguiu movê-la.

Com muita insistência, Clara conseguiu a aprovação do Papa Inocêncio III para o seu voto de pobreza absoluta. Francisco a levou, junto com suas seguidoras, para o Santuário de São Damião, onde elas permaneceram e formaram a Ordem das Clarissas.

Conta-se que certa vez uma das clarissas saiu para pedir esmolas para os muitos pobres que iam para o convento delas. Voltou desanimada por não ter conseguido quase nada, mas Clara a consolou dizendo: "Confia em Deus!" Outra freira veio pegar o embrulho, mas não conseguiu levantá-lo de tão pesado que ficou. Tudo se havia multiplicado.

Outro milagre foi quando os sarracenos invadiram Assis e chegaram para saquear o convento delas. Clara pegou o ostensório com a hóstia consagrada e enfrentou o chefe deles, dizendo que Jesus Cristo era mais forte. Os agressores entraram em pânico e fugiram.

Clara de Assis faleceu em 1253. Um dia antes, o Papa Inocêncio IV lhe havia entregue sua aprovação à Regra, que ela mesma havia escrito. O corpo dela continua intacto, sinal de que o amor é mais forte que a morte.

ORAÇÃO

Olhe, a cada dia, no espelho da pobreza, da humildade e da caridade de Cristo, e veja nele o seu rosto (Clara de Assis).

Clareia o meu caminho, ó bom Jesus da
  pobreza!
Tua mansidão é mais forte do que toda
  violência.
Tu és a Ponte segura
entre o Pai que tudo pode
e as criaturas que de tudo necessitam.
Que eu também seja ponte entre a abundância
  e o vazio,
entre os que têm demais e os que padecem
  de fome.
Serei Clara, claridade, sem apego aos falsos
  brilhos,
na irmandade e no cântico de todas as
  criaturas.
Ajude-me Pai, criador da luz,
por teu Filho Jesus, a luz do mundo,
no amor iluminador do teu Espírito Santo.
Amém.

Isabel da Hungria

Isabel de Andechs era uma princesa do Reino da Hungria. Nasceu em Pressburgo, em 1207. Logo foi acertado o seu casamento com o filho mais velho do conde da Turíngia e ela ficou noiva aos 4 anos. Quando tinha menos de 10 anos faleceu sua mãe, a Rainha Gertrudes. Faleceu também o seu noivo, e então ela foi prometida a Luís, o segundo filho do conde. Casou-se com ele aos 14 anos.

Embora fosse um casamento decidido pelos pais, eles viveram um matrimônio de verdadeiro amor humano e cristão, e tiveram três filhos. Mas, Isabel sofreu muita perseguição da parte dos parentes do marido. A Duquesa Sofia, sua sogra, e mais uma cunhada e dois cunhados, faziam de tudo para jogar o marido contra ela. No entanto, Isabel sempre perdoou e escondeu tudo do marido. Os conflitos eram principalmente porque a jovem duquesa ia à igreja sem as joias da casta do marido. Isabel explicava: "Como poderia usar uma coroa tão preciosa diante de um rei coroado de espinhos?"

Já o marido, que a amava apaixonadamente, buscava tornar-se digno daquela mulher linda de rosto e de alma. Os dois cresciam juntos na devoção. Ele a apoiava e auxiliava em suas obras de caridade. Chegava a passar horas ajoelhado ao seu lado, segurando suas mãos enquanto ela estava em oração. Luís também adotou em seu brasão as palavras que se tornaram o programa de sua vida pública:

"Piedade, pureza, justiça". Ela chegou a confidenciar a uma doméstica sua amiga: "Se eu amo de tal modo uma criatura mortal, como deveria amar ao Senhor imortal, dono da minha alma?"

Isabel era admiradora de Francisco e Clara de Assis, que eram seus contemporâneos. Por isso, deu tudo o que possuía para a construção de um hospital em Marburg. Mas, logo ficou viúva, pois o marido morreu de peste. Ela tinha apenas 20 anos. Como se não bastasse essa dor imensa, os cunhados a separaram dos filhos e a expulsaram do castelo de Wartemburg. E o povo, que tanto amava a jovem duquesa, diante das ameaças do novo conde nada pode fazer.

Resgatada por sua tia Matilde, que era abadessa do convento cisterciense de Kitzingen, Isabel passou a viver o ideal franciscano de pobreza, entrando na Ordem Terceira. Ao ser perguntada sobre a herança que lhe pertencia, respondeu: "Minha herança é Jesus Cristo!"

Morreu em 1231, com 24 anos.

ORAÇÃO

O que ela fez foi realmente viver com os pobres. Desempenhava pessoalmente os serviços mais elementares do cuidado com os doentes: lavava-os, ajudava-os precisamente nas suas necessidades mais básicas, vestia-os, tecia-lhes roupas, compartilhava a sua vida e o seu destino e, nos últimos anos, teve de sustentar-se apenas com o trabalho das suas próprias mãos..." (Cardeal Ratzinger, futuro Papa Bento XVI, referindo-se a Isabel da Hungria).

*Ó Jesus, irmão dos pobres, dos humildes e
   sofredores!
Peço-te por mim e por meu amado.
Que nosso amor seja forte, paciente e
   generoso,
capaz de vencer os ciúmes e qualquer
   perseguição.
Que nós dois não fiquemos só olhando um
   para o outro,
mas que juntos olhemos o horizonte do teu
   Reino.
Que nosso amor se abra para ajudar os
   irmãos.
Amém.*

Zita de Luca

Zita nasceu em 1218, de uma família camponesa, numerosa e muito pobre. Viviam num pequeno povoado da Itália próximo à cidade de Luca. Aos 12 anos ela foi levada para trabalhar na casa dos Fatinelli, uma família rica e pertencente à nobreza. Ao partir, sua mãe lhe deu este conselho: "Em tuas palavras e ações deves sempre perguntar: Isto agrada ou não a Jesus?"

Muitas famílias pobres, por causa da pouca comida costumavam mandar filhas irem trabalhar para famílias abastadas. Diziam ser "uma boca a menos". Porém, era uma servidão. A pessoa trabalhava feito escrava, sem receber salário, só em troca de comida e roupa. Ficava dependente da família à qual servia e dificilmente conseguia se casar, pois não tinha dote.

Os Fatinelli não tratavam seus criados com dignidade. Por isso Zita sofreu muito, principalmente nos primeiros anos. Era maltratada e humilhada por seus patrões e também pelos outros empregados da casa. Mas, com seus valores cristãos e com oração buscava forças para suportar tudo.

Ela trabalhava muito bem e era bondosa com todos. Cumpria suas práticas cristãs e dedicava-se à caridade. Visitava os pobres, doentes e prisioneiros, levando-lhes comida e roupa. O pouco que tinha repartia com os que precisavam mais que ela. Ao visitar os prisioneiros, lastimava o fato de ficarem encarcerados sem fazer nada.

Logo Zita se tornou conhecida e amada entre as pessoas mais pobres que viviam nas proximidades da casa onde trabalhava. Ela costumava dizer: "Mãos no trabalho e o coração em Deus!"

Os patrões tiveram que reconhecer a grandeza de coração de Zita e também sua eficiência no trabalho. Confiaram-lhe a tarefa de governanta da casa, comandando todos os criados. Ela agradou aos patrões, mas entre os criados surgiu muita inveja e ciúmes. Uma das criadas lhe fez uma pesada calúnia. Disse aos patrões que ela pegava na despensa da casa, sem autorização, os alimentos que distribuía para os mendigos. Era uma acusação bastante grave na época.

Sem ter como provar sua inocência, ela confiou que Deus a defenderia. Conta-se que o patrão a viu com o avental cheio de alguma coisa e a fez mostrar o que levava escondido. Ela respondeu: "São flores". Soltou o avental e uma grande quantidade de flores caiu, cobrindo os seus pés. Assim sua inocência ficou provada.

Zita morreu em 1278, com a idade de 60 anos. Logo, muitos passaram a invocar sua intercessão junto a Deus e testemunhar graças recebidas.

ORAÇÃO

Eu sou Javé, o seu Deus, que sustento você pela mão direita e lhe digo: Não tenha medo. Eu mesmo a ajudarei! (Is 41,13).

*Defende-me de todo mal, ó Deus da minha
    vida!
Livra-me das armadilhas dos que só querem
    explorar,
que humilham e maltratam e que fazem
    ameaças.
Em meu avental trago esforços, fadigas,
    dever cumprido,
surpresas para agradar, trabalhos de altas
    horas,
rotina que ninguém nota e resultados
    surpreendentes.
Trago o que não consegui e também minha
    eficiência.
Transforma em flores, ó Pai! Flores de
    dignidade
que serão do teu agrado, pois não queres
    servidão.
Sou mulher e sou tua filha.
Amém.*

Catarina de Sena

A primeira das mulheres proclamadas doutoras da Igreja é Catarina, que viveu em Sena, na Itália. Nascida em 1347, era a caçula de 25 filhos de pais muito pobres. Muitos dos irmãos morreram ainda bebês. Ela não pode estudar, teve que trabalhar muito, cresceu franzina e vivia doente.

Já na infância, através de uma visão de Jesus com os apóstolos Pedro, Paulo e João, ela entendeu o que é a Igreja: uma instituição que vem dos apóstolos; mistério de fé, santidade e amor; corpo místico de Cristo. Assim, obedecia aos pais, aos irmãos e aos padres, mas nunca se conformou com a mediocridade.

A Modernidade ia chegando com seus desafios. E a Igreja cristã, em séria crise, entrava em brigas de poder. Os papas não ficavam mais em Roma, mas em Avinhão, na França. Cristãos ricos e poderosos, e também governantes da Igreja, viviam no luxo e nos vícios, dominando e explorando o povo.

Catarina trabalhava sempre com a intenção de servir a Jesus, seu divino esposo. Continuou a serviço da família, mas exigiu que a deixassem viver sua consagração a Ele, em oração e na dedicação aos pobres. Era muito jovem, mas lutou até conseguir ser aceita numa confraria de senhoras leigas, ligada à Ordem dos Dominicanos. Seu exemplo de espiritualidade cristã atraiu muitos discípulos, gente pobre e humilde, e também padres e religiosos, inclusive um grupo de dominicanos.

Com 23 anos, na vigília da Festa de São Domingos, ela teve uma visão desse santo e entrou em êxtase. A partir daí assumiu a missão de se fazer presente na política e em todo canto, para mostrar o caminho da salvação. Inquietava-se porque a corrupção dos ambiciosos deixava tantas pessoas no sofrimento e desamparo. Então ela saiu irradiando muita força. Chamava a Igreja e a sociedade a uma reforma, através dos caminhos da santidade, da justiça e da solidariedade. Fez muitas viagens, junto com seu confessor e discípulos. Na busca do bom entendimento e da paz, foi falar com o papa e com outras autoridades da Igreja, com governantes e com muitas outras pessoas.

Em Avinhão, o papa recebeu Catarina e sua comitiva com todas as honras. E a levou para falar com os cardeais. Alguns deles reconheceram: Era o Espírito Santo quem falava através dela! E sua insistência contribuiu para que os papas voltassem a Roma.

Catarina de Sena viveu só 33 anos. É mestra de espiritualidade, firme e decidida em chamar os poderosos à conversão. Apesar de leiga e quase analfabeta, ditou muitos ensinamentos fundamentais que ficaram escritos.

ORAÇÃO

Ó Deus eterno, Deus eterno! Trindade eterna!
Pedes que eu olhe para ti, e olhando-te,
na tua grandeza veja a minha pequenez,
e na minha pequenez a tua grandeza!
(Catarina de Sena).

Faze de mim um instrumento da tua paz,
ó Deus que és puro amor e o sumo bem!
Contigo não terei medo dos que espalham
  corrupção.
Perdoa as minhas fraquezas, abre meu
  entendimento,
conduze-me na irmandade dos que têm boa
  vontade
para irradiar a força do teu amor que nos
  salva.
Minha obediência será consciente, aberta e
  livre.
Minha humildade estará na busca de outras
  mãos
que se unem pra fazer as reformas
  necessárias.
Amém.

Rita de Cássia

Margherita, chamada de Rita no diminutivo, nasceu onde hoje é Itália, num povoado perto de Cássia, em 1381. A Igreja cristã no Ocidente vivia um tempo muito agitado, e estava dividida, com dois papas ao mesmo tempo. O Concílio de Constança, em 1414, resolveu a questão e restabeleceu a unidade da Igreja.

A pequena cidade de Cássia, que era uma república, estava abalada por rivalidades e ambições. Brigas e revoltas por questões pessoais, familiares e políticas, deixavam um clima de vingança, e as inimizades mortais se multiplicavam.

Os pais de Rita, Antônio Lotti e Amata Ferri, participavam de uma organização cristã de pacificadores. Os pacificadores escreviam numa folha a notícia da paz estabelecida e a faziam circular de mão em mão. Ajudavam as pessoas a evitar ofender umas às outras, por amor de Deus e em remissão dos pecados. Falavam de Jesus que perdoou os que o crucificaram e que pede para nós nos perdoarmos. E chamavam as pessoas a se darem o abraço do perdão e da paz.

Rita era muito piedosa e virtuosa. Casou-se com Paolo di Ferdinando Mancini e com ele teve dois filhos. Mas seu marido foi assassinado. Assim, Rita e os filhos ficaram no centro do redemoinho de ódio e vingança. Porém, ela praticou o perdão. E entrou firme no caminho do Evangelho, trabalhando pela pacificação. Mesmo cheia de lágrimas, como mãe amorosa ela olhava para o crucifixo e animava os filhos e os parentes a perdoar e promover a paz.

Os dois filhos faleceram ainda jovens. Rita então decidiu entrar no convento das monjas agostinianas de Santa Maria Madalena, para se dedicar ao serviço de Deus e à caridade. Não foi fácil ser aceita, por ser viúva de um homem assassinado. Mas ela foi reconhecida pelo seu trabalho de pacificação. Assim, ela viveu quarenta anos como monja, com generosidade alegre, sempre atenta aos dramas do seu povo, e também com muito amor à Igreja.

Em sua profunda espiritualidade, Rita recebeu em sua testa o estigma de um espinho da coroa de Cristo. Era um dom divino que a tornou uma mulher especial. Assim, nos últimos quinze anos de sua vida enfrentou grande sofrimento, com uma ferida aberta na fronte. Faleceu em 1457, com cerca de 70 anos de idade.

Rita de Cássia foi esposa, mãe, viúva e freira. Viveu o Evangelho promovendo o perdão, a paz, o serviço ao próximo. Mesmo suportando grandes sofrimentos, sempre transmitiu a alegria da sua profunda união com o Cristo crucificado e ressuscitado.

ORAÇÃO

Eu, porém, lhes digo: amem os seus inimigos, e rezem por aqueles que perseguem vocês! Assim vocês se tornarão filhos do Pai que está no céu, porque Ele faz o sol nascer sobre maus e bons, e a chuva cair sobre justos e injustos (Mt 5,44-45).

*Ó Jesus, manso e humilde de coração,
faça o meu coração semelhante ao teu!
No sofrimento da cruz Tu pediste ao Pai:
Perdoa-lhes, porque não sabem o que fazem.
Creio na força do teu perdão que regenera.
Creio na tua graça que vence as ciladas do
  mal.
Ajuda-me, a mim e a todas as mães
angustiadas por ver os filhos correndo riscos
em meio ao ódio, à violência, às drogas e
  ilusões,
a sermos pacificadoras e ajudá-los a ser
  também.
Amém.*

Joana D'Arc

No vilarejo de Domrémy, na França, nasceu Joana em 1412. Era uma dos cinco filhos do coletor de impostos Jacques d'Arc e de Isabelle Romée. Foi criada nos princípios da fé cristã. Era muito religiosa e devota dos santos.

Aos 13 anos Joana viu um clarão e começou a ouvir vozes sobrenaturais. Dizia que eram do arcanjo São Miguel e de algumas santas. Por toda a sua vida ela ouviu essas vozes, que lhe revelavam sua missão: libertar a França das mãos dos invasores ingleses.

Entre a França e a Inglaterra havia conflitos fazia tempo. E ocorria a Guerra dos Cem Anos. Com o povo sofrendo a falta de tudo, a França dividida e com enormes dívidas, a Igreja nada fazia.

As vozes que Joana ouvia lhe diziam que ela tinha de conduzir o herdeiro do trono, de Chinon até Reims, para ele ser ungido como escolhido de Deus e coroado rei da França. Mas, o caminho estava cercado pelos ingleses. Ela, uma camponesa simples e que não pôde aprender a ler, também não tinha conhecimento militar. Além disso, as mulheres eram consideradas frágeis e menos inteligentes, e a guerra era tarefa de homens. Joana foi muito questionada, mas transmitiu sua certeza de ser enviada por Deus e animou o futuro rei.

Como ela era a última esperança para a França, foi mandada a Poitiers para que tivesse a sua vida toda investigada. Lá ela passou por muitos interrogatórios de doutores e teólogos, que até lhe fizeram exame de virgindade. Concluíram que ela era uma boa cristã. Houve reações contrárias, mas também muita admiração. Ela conseguiu um exército de uns dez mil homens, que acreditaram em sua missão. Passou a usar cabelos curtos e roupas de homem, recebeu um estandarte e uma armadura, empunhou uma espada.

Ela foi conseguindo vitórias contra os ingleses e ajudou a França a se unir. Mesmo em combate, chorava pelas almas dos ingleses e dizia que, para Deus, todos somos irmãos. O herdeiro do trono foi ungido e coroado como Rei Carlos VII. Mas a guerra continuou e o rei fez negociações com senhores que dela tiravam vantagens políticas e financeiras. Joana acabou prisioneira. Franceses inimigos de Carlos VII a entregaram aos ingleses, e estes a mandaram para a Inquisição da Igreja, dizendo que ela era herege e feiticeira e que suas ações eram obra do demônio.

Joana d'Arc passou por muito sofrimento, num julgamento de seis meses, com interrogatórios exaustivos e torturas. Os inquisidores a condenaram como herege e feiticeira. Ela foi queimada viva em praça pública em 1431. Após 25 anos do seu martírio, o Papa Calisto III anulou a condenação e a declarou inocente. Em 1920, o Papa Bento XV a canonizou como santa.

ORAÇÃO

A esperança tem duas filhas lindas: a indignação e a coragem. A indignação nos ensina a não aceitar as coisas como estão; a coragem, a mudá-las (Agostinho de Hipona).

Senhor Jesus, vitorioso no fracasso da cruz,
Deus Filho ressuscitado e presente em
nossas lutas!
Estou diante das guerreiras condenadas
como bruxas
que brilham na tua glória e me enchem de
coragem.
Quero ouvir a tua voz através dos inocentes.
Não serei indiferente diante da indústria das
guerras,
denunciarei os que lucram com o negócio de
armas.
Com a espada da tua justiça e teu amor
infinito
serei mulher de coragem, cumprirei minha
missão.
Amém.

Teresa de Ávila

Teresa nasceu em Ávila, na Espanha, em 1515. Tinha nove irmãos. Seus pais lhe deram uma cuidadosa educação, com sólida formação cristã. Como sua mãe, ela gostava de ler romances de cavalaria e livros da vida dos santos. E insistia em ir à África com seu irmão mais velho, para lá converter os mouros e receber o martírio.

A mãe faleceu quando Teresa tinha 13, e o pai a internou num colégio de monjas agostinianas. Mas, três anos depois ela fugiu, para ser freira no Mosteiro Carmelita da Encarnação, em Ávila. Ali fez os votos com a idade de 27 anos. No entanto, ficou doente e o pai foi buscá-la para que ela se tratasse. Foi quando um tio lhe ofereceu para ler o livro *O terceiro abecedário*, do franciscano Francisco de Osuna. Ela voltou ao Carmelo, passando a uma vida de oração e contemplação.

Teresa continuava sempre doente e os médicos não conseguiam curá-la, mas ela encarou tudo com absoluta confiança na misericórdia de Deus. No locutório conversava com todos, sempre muito amável e caridosa. No entanto, não estava satisfeita com o modo de vida medíocre das numerosas freiras que ali viviam. Então, com a idade de 39 anos ela deu seu passo decisivo diante de Cristo chagado. Entregou-se à ação da graça divina e partiu para uma vida nova, que assim ela explicava: é Deus vivendo em mim!

Teresa pediu permissão ao padre superior para fundar novos conventos, com menos freiras e uma vida mais austera. A maioria foi contra e ela passou por muitas incompreensões. Mas foi cumprindo essa missão, apoiada por dois frades carmelitas: o superior, Antonio de Jesus Heredia, e João da Cruz. Depois de muita luta conseguiu autorização de Roma para fundar a Ordem das Carmelitas Descalças. Fez uma grande reforma, fundando 32 mosteiros, 17 femininos e 15 masculinos, com novas regras e uma vida de trabalho e silêncio.

Essa mulher linda, inteligente e de apurada sensibilidade, entregou-se tanto à contemplação do amor de Deus que sentiu um anjo transpassar seu coração com uma seta de fogo. Em toda a sua vida ela exaltou as maravilhas da misericórdia divina e irradiou a sabedoria que vem da abertura do coração ao Espírito Santo. Em seus ensinamentos, que estão em numerosas obras escritas, ela mostra que Deus está em nós, no centro de uma espécie de castelo interior. E explica a espiritualidade carmelita através dos quatro degraus da oração: o recolhimento, a quietação, a união e o arrebatamento.

Teresa de Ávila morreu em 1582, com a idade de 67 anos. Em 1970, o Papa Paulo VI lhe deu o título de Doutora da Igreja.

ORAÇÃO

Nada te perturbe, nada te espante. Tudo passa. Deus não muda. A paciência tudo alcança. A quem tem Deus nada falta. Só Deus basta (Teresa de Ávila).

Ó Deus misericordioso,
que tua graça sempre triunfe na ousadia das
mulheres
que se deixam atingir pelo fogo da paixão:
paixão por ti que fazes morada em nós,
por teu Reino de justiça e de amor,
pela humanidade que busca ser feliz.
Se reina a mediocridade, seremos
inconformadas.
Se as estruturas se corromperam, faremos
reformas.
Que assim seja, pela ação do teu Espírito
em nós.

Rosa de Lima

No Peru, o ambiente era de muito sofrimento, no primeiro século da conquista e colonização espanhola. A cristianização era feita com muita violência e ambição de riquezas. Foi na capital, Lima, que em 1586 nasceu Isabel Flores. A menina era tão linda que logo passaram a chamá-la de Rosa. Era filha de espanhóis e tinha dez irmãos.

Aos 5 anos ela aprendeu sozinha a ler, e disse que seu professor era o Menino Jesus. Aos 11 anos, quando foi crismada, viu o sofrimento dos índios, dos negros escravizados, das crianças esfarrapadas pelas ruas e sentiu que devia fazer alguma coisa por eles. Mas, sentiu-se impotente. Então passou a viver em oração, jejum e sacrifício. À noite levantava-se às escondidas para orar. Sua saúde se abalou, mas ela manteve a alegria e a serenidade. Recolhia-se em oração e trabalhava numa cabana que ela mesma construiu no quintal de sua casa.

A mãe, desaprovando o seu estilo de vida, sempre a repreendia e humilhava. Mas ela seguiu firme, e aos 15 anos começou a visitar os doentes nos hospitais. Tocava-os com carinho sem mostrar repugnância por suas feridas e mau cheiro. E neles sentia fortemente a presença de Deus. Depois passou a recolher doentes em sua casa, deixando a mãe ainda mais inconformada.

O pai saía para a exploração de minas, mas fracassou, e a família ficou reduzida à pobreza. Rosa passava boa parte do dia e da noite fazendo bordados, que vendia para ajudar no sustento da casa. Além disso, trabalhava na horta e dava aula para crianças, também ensinando-as a tocar guitarra, harpa e cítara.

Ela adotou oficialmente o nome Rosa quando ingressou na Ordem Terceira Dominicana. Cada vez mais era amada e admirada, e as pessoas iam pedir suas orações em momentos difíceis. Falava-se de suas visões e milagres, como o do dia em que ela livrou a cidade do ataque de piratas holandeses.

Aos 24 anos construiu uma casa minúscula para ali viver seu recolhimento, já que não havia convento no lugar onde morava. Dizia que o tamanho era suficiente para abrigar ela e seu amigo Jesus. Faleceu serenamente em 1617, aos 31 anos de idade, dizendo: "Jesus está comigo!" Dois anos antes havia previsto a data de sua morte.

Naquele ambiente de ambições materiais, desprezo pelo próximo e exploração, Rosa de Lima deu seu testemunho de humildade, oração e amor incondicional pelos pobres, principalmente índios e negros. Ela foi declarada Padroeira da América Latina.

ORAÇÃO

Escuta e compreende bem, meu filho menor. O que te assusta e aflige não é nada. Não se perturbe o teu coração. Não temas esta doença nem qualquer outra doença e angústia. Não estou aqui eu, que sou tua mãe? Não estás sob minha sombra? Não sou eu tua saúde? Acaso não estás em meu colo?... (Nossa Senhora de Guadalupe a Juan Diego).

A ti me entrego confiante, ó Pai de coração materno,
na oferenda do respeito e diálogo inter-religioso.
São as rosas cultivadas por nossos povos irmãos
nesta América Latina que ainda sofre opressões.
São rosas de muitas cores, com o dom do seu perfume,
cultivadas nos valores do Evangelho encarnado
na vida da nossa gente que sofre a dor dos espinhos:
gente mestiça, índia, negra e de todas etnias.
Amém.

Margarida Maria Alacoque

Foi num pequeno povoado da França que nasceu Margarida Maria Alacoque, em 1647. Seu pai era juiz e tabelião e ela era a caçula de cinco filhos. Desde pequena entregou seu coração a Deus. Tendo contraído uma grave em enfermidade que a deixou paralisada por vários anos, consagrou-se à Virgem Maria, pedindo a ela a saúde, com a promessa de propagar sua devoção. E alcançou a graça.

Quando era ainda muito jovem, seu pai faleceu. Os parentes apoderaram-se dos bens; passaram a humilhar ela e seus irmãos, submetendo-os a seus caprichos. Margarida queria entrar num convento, mas não a deixavam. Aos 18 anos teve de atender à pressão dos parentes para arrumar-se e frequentar festas sociais, mas isso a deixava em grande tristeza.

Ela vivia uma profunda espiritualidade. Aos 24 anos conseguiu entrar no Mosteiro da Visitação, em Paray-le-Monial. A superiora a tratava com métodos duros, desconfiada de que sua vivência espiritual fosse alucinação ou armadilha do demônio, já que ela era muito tímida e parecia não ter talento algum.

Porém, ela foi para as companheiras de noviciado um exemplo de caridade e de paciência em suportar as repreensões e humilhações. Em profunda oração, entendeu que Jesus era a sua garantia, e que a tornaria útil de uma nova maneira. Por isso, entregou o seu nada a Ele, para que Ele agisse através dela.

Em 1673, com 25 anos, estava em contemplação diante do sacrário quando recebeu a primeira de uma série de visões extraordinárias, que ocorreram em toda primeira sexta-feira do mês durante um ano e meio. Numa dessas visões, Jesus manifestou-se a ela com o peito aberto e, apontando o dedo em seu Coração, lhe disse: "Eis o Coração que tem amado tanto aos homens a ponto de nada poupar até exaurir-se e consumir-se para demonstrar-lhes o seu amor. E em reconhecimento não recebo senão ingratidão da maior parte deles".

Margarida passou por incompreensões e sofrimentos e ficou com a saúde abalada. Morreu em 1690, com 43 anos. A partir de sua espiritualidade, muitos cristãos passaram a viver sua fé de um modo rigorista, para um modo mais humano, com nova sensibilidade e solidariedade com os que sofrem. A devoção ao Sagrado Coração de Jesus cresceu sempre mais.

Em meio à indiferença, à frieza pela falta de amor, ao egoísmo tão prejudicial às criaturas todas, Jesus mostra seu Coração ferido e transpassado, ardente em chamas de amor, todo entregue pela redenção do mundo e de cada pessoa.

ORAÇÃO

Que eu obtenha de tua amada bondade a graça de ter meu nome escrito em teu coração, para depositar em ti toda minha felicidade e glória, viver e morrer em tua bondade (Margarida Maria Alacoque).

*Guarda meu pobre coração dentro do teu,
amado Jesus!
Teu Divino Coração é a fonte da
misericórdia,
é meu abrigo seguro e minha escola de
amor.
Nele quero aprender a ser humilde e ser
mansa,
a perdoar e acolher, sem nunca excluir
ninguém,
a curar e a restaurar a vida com dignidade.
Quero amar como Tu amas, fazendo o bem
aos amigos,
e também aos inimigos, aos que me fazem
sofrer.
Ajuda-me a sintonizar meu coração com o
teu.
Amém.*

Juana Inês de la Cruz

A mexicana Juana Inês de la Cruz nasceu em 1651 num povoado no Vale do México. Era filha natural de um militar espanhol com uma mexicana filha de espanhóis. Aprendeu com os vizinhos a língua indígena náhuatl. Também aprendeu português e latim, escutando às escondidas as aulas que eram dadas para a sua irmã. E desde que descobriu a biblioteca do seu avô, nunca mais se separou dos livros. Acumulou muito conhecimento de Teologia e de várias ciências.

Juana teve contato com pessoas importantes e algumas delas lhe deram proteção e apoio. Queria estudar numa universidade, mas isso era impossível às mulheres. Tentou ser monja carmelita, mas o estilo de vida muito rígido a deixou com a saúde debilitada. Então ingressou na Ordem das Jerônimas. Além de freira, era uma grande escritora e intelectual. Através de muitas cartas, mantinha correspondência com pessoas importantes, até mesmo com o papa.

Ela escreveu poemas, canções natalinas, teatros, comédias. Escreveu literatura, ressaltando o tema da liberdade, fato que em sua época causava espanto. Num poema intitulado "Homens estúpidos", ela defendeu o direito da mulher de ser respeitada como ser humano.

Esse destaque de uma mulher intelectual incomodou muitos homens e ela foi criticada por autoridades da Igreja Católica. Ela foi duramente recriminada, inclusive porque, sendo freira, tratava de assuntos chamados "profanos", isto é, não sagrados.

Mas, a freira-poeta Juana não se abateu e continuou avançando no conhecimento. Queria estabelecer ligações entre todas as ciências. Defendeu com força e sabedoria o trabalho intelectual da mulher. Também defendeu o conhecimento "profano", explicando que, sem os conhecimentos científicos de lógica, retórica, música, geometria, história, direito, mecânica e outros, é impossível entender determinadas passagens das Sagradas Escrituras.

Os dirigentes daquela sociedade colonial não suportaram os avanços de Juana Inês de la Cruz. Da parte da Igreja, havia a ameaça da Inquisição. Após mais de vinte anos fiel à sua vocação de freira e intelectual, ela foi obrigada a se desfazer da sua biblioteca e da sua coleção de instrumentos musicais. Morreu em 1645, durante uma epidemia, depois de ter socorrido várias Irmãs do convento. Tinha 43 anos.

Os talentos vêm de Deus. E Deus se agrada com quem, como Juana, os faz frutificar, não para se vangloriar, mas para contribuir com o bem da humanidade.

ORAÇÃO

As mulheres têm muito a nos dizer na sociedade atual. Às vezes somos demasiado machistas,
e não deixamos espaço à mulher. Mas a mulher
sabe ver as coisas com olhos diferentes dos homens
(Papa Francisco).

Ó Sabedoria eterna, Jesus, Palavra viva de
Deus!
Teu Evangelho me chama à ousadia de
crescer
como pessoa e mulher fiel ao meu
compromisso
com o projeto do Pai que quer todos e todas
plenamente realizados em sua vocação
humana.
Acolhe este meu desejo de aprender e
conhecer,
de produzir e criar, de fazer a diferença
unindo razão e fé, inteligência e afeto.
Na luz do Divino Espírito que sopra livre
onde quer
seguirei com a certeza da força da tua
graça.
Amém.

V
Mulheres cristãs da época contemporânea

Desde o século XIX, mulheres criativas e mergulhadas em Deus deixaram sua importante contribuição para a missão cristã. A sintonia com o mundo e suas dores marcou a sua trajetória, até mesmo em mosteiros.

As Igrejas cristãs passaram a receber um forte apelo a dedicar-se aos problemas sociais. Não foi fácil passar da simples esmola, ou de uma caridade assistencialista, para uma verdadeira promoção humana. Na Igreja Católica, em 1891 o Papa Leão XIII lançou sua Encíclica *Rerum Novarum* (Das coisas novas), focando a vida e as necessidades dos trabalhadores. A partir de então foi crescendo a doutrina social da Igreja. De 1962 a 1965 realizou-se o Concílio Vaticano II. A partir dele, a Igreja se pôs em grande renovação, empenhada em voltar às fontes do cristianismo e toda voltada para o ser humano situado em seu mundo.

Esse concílio foi assumido na América Latina de um modo original, com a opção preferencial pelos pobres e a compreensão da missão como salvação que passa pelos processos de libertação, da pessoa humana integralmente e de todas as pessoas.

Vemos outra vez mulheres mártires, inclusive meninas e jovens. São mártires do fermento do Evangelho, que faz lutar contra tudo o que fere a dignidade humana, a sua própria e a dos semelhantes.

A partir do coração do Evangelho, reconhecemos a conexão íntima que existe entre evangelização e promoção humana, que se deve necessariamente exprimir e desenvolver em toda a ação evangelizadora. A aceitação do primeiro anúncio, que convida a deixar-nos amar por Deus e a amá-lo com o amor que Ele mesmo nos comunica, provoca na vida da pessoa e nas suas ações uma primeira e fundamental reação: desejar, procurar e ter a peito o bem dos outros (Papa Francisco. Evangelii Gaudium, 178).

Nhá Chica de Baependi

Francisca de Paula de Jesus, a brasileira negra e pobre chamada Nhá Chica, era neta da escrava Rosa Benguela e filha da ex-escrava Izabel Maria. Nasceu por volta de 1810 num lugarejo ao sul de Minas Gerais chamado Santo Antonio do Rio das Mortes, distrito de São João del Rei.

A menina tinha um irmão um pouco mais velho, Teotônio. Era pequena quando sua mãe foi morar em Baependi. Entre os poucos pertences que carregaram estava uma imagem de Nossa Senhora da Conceição, à qual a mãe tinha muita devoção. Mas, quando tinha 10 anos sua mãe faleceu, deixando os dois aos cuidados de Deus e da Virgem Maria. Chica a chamava carinhosamente de "Minha Sinhá", que quer dizer "Minha Senhora", e nada fazia sem primeiro ir falar com ela.

No Brasil vigorava o regime colonial e escravista. Muitas mulheres que tinham vocação e queriam ser freiras não conseguiam por serem negras, indígenas, mestiças e pobres. Então se consagravam a Deus como leigas, na própria casa ou em comunidade com outras mulheres como elas. Eram as beatas, que viviam em oração e meditação, trabalhavam para sobreviver, cuidavam dos mais necessitados e evangelizavam.

Nhá Chica foi uma delas. Consagrada inteiramente a Deus, vivia socorrendo as pessoas necessitadas. Em sua simplicidade, era muito sábia e tinha consciência de cidadania. A todos que a procuravam, atendia com a mesma paciência e dedicação. Muitos vinham de longe a Baependi para conhecê-la, conversar com ela, falar de suas dores e necessidades, pedir-lhe orações.

No entanto, às sextas-feiras, Nhá Chica lavava suas roupas e se recolhia. Por ser o dia da paixão e morte de Jesus, dedicava-se mais à oração e à penitência. Recolhia-se às três horas da tarde, lembrando a morte de Jesus pela salvação de todos, e venerava a Virgem da Conceição, a qual tratava como uma amiga de todas as horas.

Mesmo analfabeta, era familiarizada com a leitura da Bíblia, através de pessoas que liam para ela. Compôs uma novena à Senhora da Conceição, e para ela também construiu uma igrejinha ao lado de sua casa, ajudada pelo irmão Teotônio.

Faleceu em 1895, com 87 anos, e foi sepultada na capela por ela construída. Nos quatro dias de seu velório, as pessoas devotas sentiram exalar-se de seu corpo um misterioso perfume de rosas.

ORAÇÃO

...sentimos o desafio de descobrir e transmitir a "mística" de viver juntos, misturar-nos, encontrar-nos, dar o braço, apoiar-nos, participar nesta maré um pouco caótica que pode transformar-se em uma verdadeira experiência de fraternidade, caravana solidária, peregrinação sagrada (Papa Francisco. Evangelii Gaudium, *88).*

Ó Bom Jesus da paixão e da ressurreição, meu salvador e amigo fiel! Teu amor me impulsione a viver a verdadeira fraternidade.

*Virgem da Conceição,
vós fostes aquela Senhora
que entrastes no céu vestida de sol,
calçada de lua, coroada de estrelas e
     cercada de anjos...
Vós prometestes que havereis de socorrer
a todo aquele que invocar vosso santo
     nome.
Agora é a ocasião.
Valei-me, Senhora da Conceição!
(Nhá Chica)*

Maria de Araújo

A brasileira Maria Magdalena do Espírito Santo de Araújo nasceu no sertão do Ceará em 1862. Seus pais, muito pobres, viviam no Sítio do Tabuleiro Grande, Juazeiro do Norte.

Os pais morreram bem cedo e ela teve de lutar para sobreviver. Fazia contagem de tijolos numa olaria, fiava algodão, fazia artesanato e doces. Aos 22 anos assumiu a vida de beata. Era o estilo de vida consagrada a Deus e dedicada aos necessitados que estava ao alcance de mulheres como ela: pobres, indígenas, negras, mestiças, analfabetas. Ser beata era um modo de ser freira permanecendo leiga e fora de um convento.

Padre Cícero Romão Batista, junto do povo devoto, reconheceu sua espiritualidade como beata depois que ela participou de um retiro. Como era órfã, acolheu-a para morar em sua casa e a incumbiu de ensinar outras meninas a fazer bonecas de pano, que poderiam vender para sobreviver.

Em 1889, com 27 anos, ela viveu o chamado "milagre da Hóstia". Depois de passar a noite em oração, ao receber das mãos do Padre Cícero a comunhão, na capela de Nossa Senhora das Dores, sua boca ficou cheia de sangue. Esse fato repetiu-se muitas vezes durante dois anos. Também, misteriosamente, chagas apareciam no corpo da beata e ela chegava a suar sangue.

Por mais que Padre Cícero tentasse manter em segredo, a notícia se espalhava, e um jornalista passou a divulgar como milagre. Multidões de peregrinos chegavam ao povoado. Os panos manchados de sangue, reconhecido como o sangue de Cristo, eram guardados como relíquias.

O bispo de Fortaleza chamou o Padre Cícero, que o convenceu da verdade do fato. Mas, devido à pressão de autoridades da Igreja, mandou dois padres de sua confiança para investigarem. Estes concluíram que se tratava de uma ação divina. Então o bispo nomeou outra comissão de padres investigadores, que concluíram não haver milagre. Um relatório com essa conclusão foi enviado a Roma.

A beata foi obrigada a viver escondida. Foi maltratada, acusada de embusteira, constrangida e silenciada. Adoeceu e veio a falecer em 1914. Seu corpo, logo depois de sepultado, desapareceu do túmulo. Os que chamavam o povo devoto de fanático e supersticioso tinham medo de que o túmulo dela se tornasse um lugar de peregrinação. Padre Cícero, o padrinho amado por multidões de pobres e necessitados, sofreu pressão e até foi suspenso do ministério, mas nunca negou o milagre.

Maria de Araújo é a mulher humilde que, por ser negra, pobre e analfabeta, foi praticamente proibida de ser santa da Igreja. Porém, em suas respostas aos inquéritos mostrou uma fé inabalável e firmeza heroica como mensageira de Jesus Cristo.

ORAÇÃO

Como sois bom! Como agistes da melhor forma ao chamar ao mesmo tempo, para o vosso redor, todos os vossos filhos, sem nenhuma exceção!" (Charles de Foucauld).

Romeiros da Mãe de Deus, é grande nossa missão.
Unidos a Jesus Cristo vamos repartir o pão.
Romeiros da Mãe de Deus unidos ao Salvador,
Vamos defender a vida do nosso irmão sofredor (Bendito da Matriz de Nossa Senhora das Dores, Juazeiro do Norte).

Ó Bom Jesus, te ofereço o ruído dos meus passos!
Firmes e ritmados em romaria de fé,
em círculo quando perco o rumo,
desiguais quando o cansaço me vence,
em surdina quando o perigo me ronda,
mas sempre no teu caminho.
Amém.

Paulina do Coração Agonizante de Jesus

Amábile Lúcia Visintainer, Madre Paulina, é a primeira pessoa do Brasil canonizada como santa. Nasceu de família pobre, no norte da Itália, em 1865. Com 9 anos migrou para o Brasil com sua família. Fixaram-se no povoado de Vígolo, em Nova Trento, SC. Amábile trabalhava muito para ajudar a família e era ativa na comunidade católica. Queria consagrar-se inteiramente a Deus, mas, com a morte de sua mãe, teve de assumir as tarefas da casa.

Numa sequência de sonhos, ela viu Nossa Senhora que lhe pedia para iniciar uma obra, prometendo enviar alguém para ajudá-la. Mas só entendeu no dia em que chegou à sua cidade uma senhora doente de câncer e necessitada de ajuda. Essa mulher foi entregue aos cuidados de Amábile e de sua amiga Virgínia. As duas deixaram suas casas para morar num casebre, onde trataram da pobre enferma com carinho e dedicação. O casebre se tornou o Hospitalzinho São Virgílio, onde eram acolhidas e ajudadas as pessoas doentes e desamparadas. Era o início da Congregação das Irmãzinhas da Imaculada Conceição.

Em 1891, após a morte da primeira enferma, chegou uma outra moça. As três viviam como consagradas, e sua forma de amar a Deus era servindo ao próximo. Com a aprovação do bispo de Curitiba para a congregação, elas fizeram os votos em 1895, assumindo seus nomes religiosos. Amábile passou a chamar-se Paulina do Coração Agonizante de Jesus.

Em 1903, junto com algumas Irmãs, Madre Paulina foi morar em São Paulo, no bairro do Ipiranga. Ali fundou a Obra da Sagrada Família, que abrigava ex-escravos com suas famílias. A congregação ia crescendo e as irmãs, em diversos lugares, dedicavam-se à educação, catequese, cuidado dos idosos, doentes, crianças órfãs.

Mas uma senhora rica, benfeitora da congregação, passou a caluniar Madre Paulina. A perseguição foi tanta, que o bispo de São Paulo a tirou do cargo de superiora-geral da congregação. Exilada em outra cidade, ela fazia trabalhos humildes e pesados, obediente e fiel à sua missão. Nove anos depois, o mesmo bispo a chamou de volta. Ela viveu como uma simples religiosa, humilde, caridosa e sempre em oração. Dava assistência especialmente às Irmãs doentes.

Madre Paulina faleceu em 1942, após sofrer por quatro anos o agravamento do diabetes. Teve o braço direito amputado e ficou cega. Como afirmou o Papa João Paulo II, ela foi a manifestação do Espírito Santo, que é o perfeito consolador, doce hóspede da alma e suavíssimo refrigério.

ORAÇÃO

Felizes os que são perseguidos por causa da justiça, porque deles é o Reino do Céu (Mt 5,10).

Ó Jesus, meu salvador, amigo e companheiro!

Estou assustada com a depravação do ser humano.

Pessoas que se doam pelos mais vulneráveis e necessitados, são caluniadas, perseguidas, martirizadas.

No entanto, és Tu o maior dos mártires! Amaste até o fim, também aos inimigos. Amaste mais do que a ti mesmo, entregando a tua vida como ato de infinito amor. Em ti, o amor vence todo ódio. Em tua salvação, todo ser humano é recuperável. A pequena brasa que ainda fumega é reacesa.

Na força da tua ressurreição alimento minha esperança. Tu que vives e reinas com o Pai, na unidade do Espírito Santo. Amém.

Bakhita, a menina escrava

Bakhita nasceu na África, por volta de 1869, numa aldeia de Darfur, no Sudão Ocidental. Tinha cinco irmãos e seu nome era outro. Sua família, unida e respeitada, tinha grandes plantações e muitas cabeças de gado. O pai era o vice-chefe da tribo.

Bakhita tinha 5 anos quando sua irmã mais velha foi levada pelos "negreiros", traficantes que raptavam pessoas para vendê-las como escravas. Dois anos depois, ela também foi raptada por dois homens, que a obrigaram a caminhar uma noite inteira, lhe deram o nome árabe Bakhita e a trancaram num cômodo cheio de tranqueiras, pouco ventilado e quase sem luz.

Após um mês naquela prisão, ela foi vendida a um escravocrata. Por oito dias marchou numa triste caravana de escravos e escravas, submetidos a enormes sofrimentos. Bakhita e uma outra menina foram compradas por um mercador de escravos, que as acorrentou numa cabana escura e estreita. Nos momentos em que não eram vigiadas, contavam suas histórias umas às outras. Sonhando reencontrar suas famílias, combinaram sua fuga.

A ocasião de fugir foi quando o patrão as soltou e as deixou debulhando milho. Elas correram muito, embrenharam-se pela floresta à noite, tiveram que defender-se de feras e cobras, atravessaram lugares desertos e perigosos. Um homem as alcançou, fingindo ajudá-las. Mas ele as prendeu junto das ovelhas, com correntes nos pés, até vendê-las dias depois a um comerciante de escravos. Este as fez andar muito até serem postas num mercado de escravos.

Um senhor as comprou e levou-as para a sua mansão, onde ficaram servindo à sua família, na promessa de que logo seriam um presente de casamento para o filho. Mas, sem querer, Bakhita quebrou um vaso e então a espancaram sem piedade e a venderam.

O novo dono era um general da Armada Turca. Por três anos, Bakhita e uma outra jovem escrava estiveram no serviço pessoal da mãe e da esposa do general, que eram desumanas e as deixavam cheias de feridas por causa das constantes chicotadas. Um dia, a esposa do general viu que Bakhita e outras duas escravas não tinham marca. Mandou buscar uma mulher treinada naquela arte cruel, que fez desenhos na pele de Bakhita com cortes de navalha: seis talhos no peito, sessenta no ventre e quarenta e oito no braço direito. Depois jogou sal força nos ferimentos. A menina ardeu em febre e sofreu sede por várias noites, sem nenhum remédio para aliviar o sofrimento.

Bakhita diria anos depois: "Eu não morri por um milagre de Deus, que me destinava a coisas melhores". Isso veremos na sequência, na segunda parte da sua biografia.

ORAÇÃO

...o Senhor é Espírito, e onde se acha o Espírito do Senhor, aí existe a liberdade (2Cor 3,17).

Tem piedade, ó Pai, das meninas, das mulheres
que erguem seu grito abafado implorando libertação!
Meninas que têm sua inocência roubada,
mulheres mantidas como escravas sexuais,
bebês roubados e vendidos
por quadrilhas especializadas em tráfico humano.
É dor demais, que clama a ti, ó Deus!
Que essa dor não me seja indiferente.
Teu Espírito Santo me ilumine e me mova
a dar minha pequena contribuição
pela vida e dignidade das tuas filhas e dos teus filhos.
Amém.

Bakhita, a filha do bom patrão

A jovem escrava Bakhita foi levada para a Turquia pelo seu dono, um general turco. Ao saber que muçulmanos haviam atacado o seu país, ele vendeu a maior parte dos escravos e partiu para lá. Na capital, pôs Bakhita à venda. No dia seguinte, o vice-cônsul da Itália a comprou para lhe dar a liberdade.

Após dez anos de escravidão, pela quinta vez ela era comprada, mas agora para viver livre na casa do consulado. Após quase dois anos de paz, o vice-cônsul teve que retornar à Itália para fugir dos muçulmanos. Bakhita ficaria lá com a doméstica, mas ela tanto insistiu em ir com ele que conseguiu. Porém, na Itália teve que se separar do seu libertador. Por um acordo entre amigos, ele a mandou a Mirano para trabalhar na casa do Casal Michieli.

Mas, o casal precisou viajar. Através do seu procurador, o Sr. Iluminado, deixaram a filha pequena com Bakhita hospedadas em Veneza, no Instituto dos Catecúmenos, que era dirigido pelas Irmãs Canossianas. O Sr. Iluminado presenteou Bakhita com um crucifixo de prata. Beijou-o e lhe explicou: "Jesus Cristo, Filho de Deus, morreu por nós". Então, ela sentiu uma força misteriosa.

Bakhita quis tornar-se cristã, e uma das religiosas do instituto se pôs a catequizá-la. Nisso, a Sra. Michieli regressou à Itália e passou a insistir para que a jovem fosse com ela para a África. Bakhita se recusou decididamente. A questão foi discutida por autoridades jurídicas e religiosas, junto com o cardeal-patriarca de Veneza. E o procurador do rei explicou: Na Itália não havia comércio de escravos. A jovem era livre para decidir se queria ir ou ficar.

Assim, em 1899 ela decidiu ficar com as Irmãs, dizendo: "Não quero perder a Deus". Dois meses depois, transbordante de alegria, recebeu o batismo, com o nome Josefina Margarida Maria e Bakhita, e assumiu a vida cristã. O Sr. Iluminado a convidou para tornar-se um membro da sua família. Mas ela queria ser Irmã no Instituto Canossiano. Foi aceita, e em 1896 consagrou-se a Deus para doar-se aos irmãos. Três anos depois foi transferida para Schio, onde se dedicava a trabalhos humildes. E com sua habilidade de contar histórias, encantava as meninas do oratório e suas mães.

Em sua simplicidade, Bakhita viveu as virtudes em grau heroico e ganhou o coração de todos. Mesmo consumida pela saudade da sua família, da qual nunca mais teve notícia, deu exemplo de uma espiritualidade alegre. Dizia: "Se durante a minha escravidão eu tivesse conhecido Jesus, eu teria sofrido muito menos". Morreu em 1947. Deixou um manuscrito, que escreveu em 1910, narrando fatos da sua vida.

ORAÇÃO

...vim a conhecer aquele Deus que desde criança eu sentia no coração, sem saber quem era Ele. Recordo que vendo o sol, a lua e as estrelas, as belezas da natureza, dizia comigo mesma: "Quem será o patrão destas coisas lindas?" E sentia uma grande vontade de vê-lo, de conhecê-lo, de prestar-lhe homenagem (Bakhita).

Como me faz bem estar pertinho de ti,
ó Senhor Deus dos humildes!
Sei que Tu sempre estiveste comigo,
sem nada cobrar ou exigir,
na pura gratuidade do teu amor.
Derrama tua graça em cada pessoa
que tem estado em meu caminho
repartindo bondade e me dando a mão.
Obrigada, meu Pai!
Amém.

Teresa do Menino Jesus

Ela nasceu em 1873 e recebeu o nome Maria Francisca Teresa Martin. Era a caçula de uma família numerosa, na Baixa Normandia, França. De saúde frágil, tinha 4 anos quando sua mãe faleceu. A família, muito devota, foi morar em Lisieux. Quatro irmãs tornaram-se freiras carmelitas.

Por cinco anos Teresinha estudou com as monjas beneditinas de Lisieux, mas estava decidida a ser carmelita. Tinha só 14 anos e não podia ser aceita; mas foi insistente, até mesmo fazendo pedido ao papa. Entrou para o mosteiro no Natal de 1887, com o nome Teresa do Menino Jesus. Ali já estavam suas duas irmãs mais velhas.

Com 17 anos fez os votos religiosos. Passou a chamar-se Teresa do Menino Jesus e da Sagrada Face, pois seguia o Mestre Jesus com criativa docilidade, num jeito simples e ao alcance de todos. E a Sagrada Face de Jesus em sua paixão e humilhação também lhe mostrava o rosto sofredor das pessoas no mundo todo. O diferencial da sua espiritualidade é a "pequena via", ou pequeno caminho. É a busca da perfeição do amor cristão nas pequenas coisas, nos pequenos gestos, nos deveres de cada dia.

Madre Inês, sua irmã e segunda mãe, tornou-se priora do convento em 1893, e confiou a Teresinha o cargo de ajudante da mestra de noviças. Teresinha se fez irmã e amiga das noviças e lhes ensinou a "pequena via". Animava as festinhas na pequena comunidade das freiras com peças teatrais que ela mesma escrevia. Foi orientadora espiritual de dois futuros missionários, transmitindo-lhes através de cartas uma espiritualidade de contemplação apostólica.

Teresinha de Jesus viveu apenas nove anos como freira carmelita. Durante meses sofreu com o agravamento de uma tuberculose. Sabendo que logo morreria, vibrou de alegria no desejo de logo ir para o céu, mas veio a angústia em seu coração, uma espécie de noite escura da alma. Focou no desejo do bem para o próximo, sobretudo dos mais necessitados. Segurou-se na certeza de ser amada por Deus e descobriu como ser missionária, sem sair do claustro, na Igreja, que é Corpo Místico de Cristo; colocou-se bem no coração da Mãe Igreja, para ali ser o amor.

Ela faleceu em 1897, com apenas 24 anos. Em 1997, o Papa João Paulo II a proclamou Doutora da Igreja. Ela é a mais jovem dentre os Doutores da Igreja. O livro *História de uma alma* reúne todos os seus escritos, com sua profunda teologia da simplicidade e seu empenho para que todos conhecessem melhor a doçura de Deus.

ORAÇÃO

Que felicidade sofrer por aquele que me ama loucamente! E passar por louca aos olhos do mundo. Guardar a palavra de Jesus, eis a única condição de nossa única felicidade (Teresinha do Menino Jesus).

*Na noite escura da angústia e incerteza,
mãos benditas me trouxeram rosas
como sinal da tua graça, ó Pai.
Preciso das rosas, preciso do abraço
que me faz sentir tua presença em mim!
Seguindo a Jesus, o mestre divino,
com o Santo Espírito Consolador,
quero amar a todos com todas as forças
nos passos pequenos, nos pequenos gestos,
na minha rotina, no jeito discreto,
na simplicidade que revoluciona.
Amém.*

Elisabete da Trindade

Elisabete nasceu em Arvor, centro da França, em 1880. Era um campo militar e seu pai era capitão do Exército.

A menina, muito inquieta, ficou órfã de pai aos 7 anos. A mãe proporcionou a ela e à sua irmã uma educação esmerada, com boa formação literária, artística e musical.

Aos 14 anos, Elisabete fez voto de virgindade e desejava ingressar no Carmelo. Em 1899 impressionou-se ao ler *História de uma alma*, de Teresinha do Menino Jesus, publicada no ano anterior. Entrou no Carmelo em 1901, e já em suas primeiras cartas expressou grande alegria e ação de graças. Vivia intensamente o que se costumava chamar de "matrimônio espiritual" com Jesus. Como escreveu para sua mãe: "Mamãe, é tão belo o meu noivo! Eu o amo apaixonadamente e, amando-o, eu me transformo nele".

A marca da sua espiritualidade era fazer as atividades de cada dia e enfrentar os sofrimentos com uma alegre confiança em Deus e generosidade total. Seguindo o exemplo de Teresa d'Ávila, avançou unindo espiritualidade e teologia. Ao conversar com um teólogo dominicano, perguntou-lhe a respeito do mistério da presença da Santíssima Trindade que sentia em sua alma. Ele explicou: "A Santíssima Trindade está em nós com seu poder criador e santificador, fazendo em nós sua própria morada, vindo habitar no mais íntimo de nossa alma..."

O nome de carmelita descalça, Elisabete da Trindade, lhe foi dado pela madre superiora. Ela o assumiu como um programa de vida. Da intimidade com Cristo partiu para o mais profundo da comunhão com a Santíssima Trindade. Era um amor sem reservas, com doação total de si a Deus e aos irmãos. Isso alimentava o seu conhecimento da fé. E seu empenho estava em ser, para Deus Uno e Trino, "o louvor da sua glória", como diz o Apóstolo Paulo.

Apenas seis anos ela passou no Carmelo, em sua curta vida de 26 anos. Deixou diversos escritos, muitas cartas, poesias e quatro tratados espirituais. Tudo foi publicado em suas *Obras completas*.

Em 1905, uma enfermidade suprarrenal incurável começou a lhe causar grande sofrimento. Em seu leito de dor, em extrema debilidade, em união íntima com a Trindade, ela suportava tudo com amor, pela Igreja e pela humanidade. Suas últimas palavras foram: "Vou para a Luz, para o Amor, para a Vida!"

Elisabete da Trindade, mulher tão jovem e cheia de entusiasmo, testemunhou a vivência do mistério da Trindade que faz morada no coração humano.

ORAÇÃO

...fomos predestinados a ser o louvor da sua glória, nós, que já antes esperávamos em Cristo (Ef 1,11-12).

Meu Deus, Trindade que eu adoro!
Que nada possa perturbar minha paz, nem
*   arrancar-me de vós,*
ó meu Imutável!
Cada minuto me transporte mais
*   profundamente em vosso Mistério.*
Pacificai minha alma e fazei dela o vosso
*   céu,*
a vossa morada querida e o lugar de vosso
*   repouso.*
Que eu jamais vos deixe só, mas fique
*   inteiramente convosco*
com minha fé sempre desperta,
em atitude de adoração e toda entregue
*   a vossa ação criadora (Elisabete da*
*   Trindade).*

Glória ao Pai, ao Filho e ao Espírito Santo!
Como era no princípio, agora e sempre.
Amém.

Maria Goretti

Maria Teresa Goretti nasceu em 1890, na província de Ancona, Itália. Era de família camponesa, numerosa e muito pobre, que vivia a fé, seguindo as práticas e os valores do catolicismo.

Uma crise econômica os obrigou a se mudarem para Ferriere di Conca, onde tinham que trabalhar arduamente para o Conde Mazzoleni. Para isso, o pai, Luigi Goretti, teve que associar-se com os Serenelli, um viúvo com dois filhos, que tinham costumes diferentes. As duas famílias compartilhavam a mesma casa, tendo quartos separados.

Após um ano, Luigi contraiu malária. Faleceu depois de dez dias de sofrimento. Maria Goretti, com nove anos de idade, buscava animar sua mãe Assunta. Dizia: "A Providência nos ajudará!" E enquanto a mãe trabalhava no campo, ela assumia as tarefas da casa.

Aos 12 anos, Maria Goretti era uma linda adolescente. E Alessandro Serenelli, um dos filhos do viúvo, passou a assediá-la. Aproveitava o fato de ela ficar em casa cuidando dos irmãozinhos. A princípio ela não entendia, mas, ao perceber as más intenções do rapaz, chegou a implorar à mãe que não a deixasse sozinha. Mas não podia lhe dizer nada, pois ele ameaçou matá-la.

Alessandro a surpreendeu e agarrou, numa ocasião em que ela costurava e cuidava da irmã menor. Tentou estuprá-la, mas ela se defendeu com todas as forças, dizendo-lhe: "Não faça isso. Deus não quer. Isso é pecado. Você vai para o inferno". Então ele a agrediu brutalmente com quatorze facadas. Ela ainda conseguiu gritar, foi levada ao hospital, mas não resistiu, pois os ferimentos eram muito grandes.

O padre que lhe ministrou os sacramentos perguntou-lhe se ela perdoava ao assassino. Ela respondeu: "Sim, perdoo pelo amor de Jesus, e quero que ele também venha comigo ao paraíso". Morreu dirigindo o olhar para uma estampa da Virgem Maria. Era o ano de 1902.

Alessandro foi preso, julgado e condenado a trinta anos de trabalhos forçados. A princípio não mostrou arrependimento. Três anos depois, após a visita do bispo Dom Blandino, começou a mudar. Dizia ter visto Maria Goretti em sonho. E escreveu ao bispo: "Lamento pelo crime que cometi porque sou consciente de ter tirado a vida de uma pobre menina inocente que, até o último momento, quis salvar sua honra, sacrificando-se antes de ceder à minha criminal vontade. Peço perdão a Deus publicamente, e à pobre família, pelo enorme crime que cometi. Confio obter também eu o perdão, como tantos outros na terra".

Ao ser posto em liberdade, e profundamente tocado por Deus através do perdão da vítima e de sua mãe, tornou-se frade capuchinho.

ORAÇÃO

Felizes os puros de coração, porque verão a Deus! (Mt 5,8).

Quando o coração ama a Deus e ao próximo, quando isto é sua verdadeira intenção e não palavras vazias, então esse coração é puro e pode ver a Deus (Papa Francisco. Gaudete et Exultate, 86).

Ó Pai misericordioso,
ouve o grito da inocência agredida!
Cuida da minha família,
protege a mim e às mulheres todas
dos abusos, do machismo, do feminicídio.
Na escola do teu perdão que regenera
quero aprender a dizer "sim" e a dizer
   "não".
Sim ao amor verdadeiro e à dignidade
   humana.
Não a qualquer forma de dominação e
   violência.
Tem piedade de nós e nos concede tua paz,
por Jesus Cristo, teu Filho e nosso Irmão,
no Amor do Espírito Santo.
Amém.

Edith Stein

Edith Theresa Hedwing Stein, filha de judeus-alemães, nasceu em 1891 em Vrastilávia. Perdeu o pai bem pequena. A mãe, judia convicta e generosa, educou seus sete filhos nos princípios do judaísmo. Edith era estudiosa incansável. Aos 13 anos passou a se dizer ateia, mesmo continuando a frequentar a sinagoga com sua mãe e dando exemplo de ética e moral.

Quando estourou a Primeira Guerra Mundial ela foi para um hospital militar, lançando-se no trabalho voluntário, como enfermeira da Cruz Vermelha Alemã. Recebeu por isso uma medalha de honra.

Voltou para a sua cidade em 1916, trabalhando como professora-suplente na escola onde havia estudado. No mesmo ano, alcançou brilhantemente o doutoramento em Filosofia e se tornou assistente universitária do seu mestre, Edmund Husserl. Dali em diante produziu escritos importantes, mas, por ser mulher, não conseguia ser aceita como professora em nenhuma universidade.

Em seus estudos, ela buscava os fermentos cristãos. Ao ler a autobiografia de Teresa de Ávila, entendeu que Jesus Cristo resplandecia no mistério da cruz. Abriu-se ao Evangelho e mudou radicalmente sua vida. Em 1922 foi batizada na Igreja Católica com o nome Teresa.

Continuou se destacando no trabalho intelectual, inclusive traduzindo obras importantes de Tomás de Aquino. Dava formação para professoras, participava de conferências sobre a questão feminina e a educação católica. Em 1932 foi aceita para lecionar no Instituto Alemão de Pedagogia Científica, em Münster. Mas, ocorria a Segunda Guerra Mundial e Hitler estava no poder. Ela foi demitida e proibida de dar conferências.

Em 1933 ela ingressou na Ordem das Carmelitas Descalças, fez os votos, e seu nome de freira passou a ser Teresa Benedita da Cruz. Entretanto, na Alemanha veio a perseguição contra os judeus e ela foi enviada para o Carmelo de Echt, na Holanda. Lá ofereceu-se a Deus pela paz e salvação dos judeus, pela Igreja e pelo mundo todo. Mas, chegou também à Holanda a ocupação pelos nazistas e o extermínio dos judeus. Os bispos holandeses protestaram energicamente. Em represália, os nazistas incluíram no programa de extermínio também os judeus convertidos à fé católica. Era o caso de Edith Stein.

Em 1942 ela foi aprisionada, levada para o campo de concentração de Auschwitz e morta na câmara de gás. Como afirmou o Papa João Paulo II, Edith Stein representa a síntese dramática das feridas do século II. Ao mesmo tempo, proclama a esperança de que a cruz de Jesus Salvador ilumina a história.

ORAÇÃO

A alma da mulher deve ser ampla e aberta a tudo o que é humano... Deve ser, acima de tudo, dona de si e do próprio corpo para que sua personalidade esteja sempre pronta a servir em cada necessidade (Edith Stein).

Ó Santo Espírito, eterno amor!
Quem és Tu, luz que me inundas
e clareias as trevas do meu coração?
Tu me guias, qual mão carinhosa de mãe.
Se de ti me desprendo,
não saberia caminhar nem mais um passo.
Tu és o espaço que cerca meu ser
e em ti me acolhes.
Saindo de ti, mergulho no abismo do nada,
de onde Tu me tiraste.
Tu estás mais próximo de mim
do que eu de mim mesma... (Edith Stein).

Teresa de Calcutá

Ela ficou conhecida como "a santa das sarjetas". Seu nome era Agnes Gonxha Bojaxhiu. Nasceu em 1910, em Skopje, hoje capital da Macedônia. De família albanesa e católica, ficou órfã de pai aos 8 anos.

Aos 18 anos ingressou na Congregação das Irmãs de Nossa Senhora de Loreto, na Irlanda. Mas, sonhava ser missionária na Índia. Para lá foi enviada desde o noviciado. Em 1931 fez seus votos. Chamou-se Teresa, em homenagem a Teresa do Menino Jesus. Transferida para Calcutá, dava aulas num colégio de meninas de famílias ricas. Em carta à sua mãe mostrou que estava feliz, mas esta lhe respondeu: "Minha querida filhinha. Não se esqueça que você partiu para servir os pobres".

Em 1946, numa viagem de trem, sentiu uma inspiração para ir viver entre as pessoas que padeciam miséria em Calcutá. Fez experiências, refletiu e, com orientação do arcebispo e das superioras, apresentou o seu plano. A autorização do papa veio dois anos depois. Ela fez um breve curso de enfermagem e conseguiu nacionalidade indiana. Vestida de sari branco e azul, com uma pequena cruz no ombro, entrou no mundo dos mais pobres. Visitava, lavava as feridas das crianças, cuidava dos doentes e famintos. Começou a dar aula numa escola improvisada, para um grupo de cinco crianças, que em dez dias aumentou para cinquenta.

Sem dinheiro, Madre Teresa saía com o rosário na mão confiando na Divina Providência. Como dizia, buscava as pessoas indesejadas, aquelas sem amor e sem cuidados, para servi-las. Pouco a pouco conseguiu apoiadores. Levava donativos, mas também palavras amigas, com suas mãos sempre dispostas a qualquer trabalho.

Antigas alunas suas e outras voluntárias passaram a acompanhá-la, vivendo como ela. Assim, em 1950 ela fundou a Congregação das Missionárias da Caridade, com o objetivo de cuidar dos pobres, necessitados, doentes e excluídos do meio social. Logo as Irmãs se espalharam por vários países e as obras sociais se multiplicaram. Em 1979 ela recebeu o Prêmio Nobel da Paz pelo seu trabalho de solidariedade com os pobres e doentes.

Sua saúde se desgastou, mas ela se manteve na missão até o fim. Morreu por problemas cardíacos, com 87 anos, em 1997.

Mesmo criticada por não questionar a origem do dinheiro dos doadores, já que alguns deles não eram boas pessoas, Madre Teresa deu testemunho do amor que é dom puro e total de si. Deu valor à vida em qualquer situação. E recolheu das sarjetas a quem precisava, ao menos, morrer dignamente.

ORAÇÃO

A todos os que sofrem e estão sós, dai sempre um sorriso de alegria. Não lhes proporcioneis apenas os vossos cuidados, mas também o vosso coração (Teresa de Calcutá).

Ó Jesus, tão humano como só Deus chega
   a ser!
Tu és sempre surpreendente
em erguer do chão, da prostração, do
   abismo
a tantas pessoas enfermas e jogadas na
   miséria.
Quero levar a sério o apelo que me fazes
Ao narrar aquela Parábola do Bom
   Samaritano,
o estrangeiro desprezado que socorreu com
   amor
ao homem assaltado, na beira de uma
   estrada:
"Vai e faze a mesma coisa!" (Lc 10,25-37).
Que eu não disfarce em desculpas meu
   egoísmo e omissão.
Quero ser, com tua graça, a boa
   samaritana.
Amém.

Dulce dos Pobres

A primeira pessoa nascida no Brasil, declarada santa pela Igreja Católica, é a mulher conhecida como "o anjo bom da Bahia", que se chamou Irmã Dulce dos Pobres. Nasceu em 1914 na cidade de Salvador, e seu nome era Maria Rita de Souza Brito Lopes Pontes. Seu pai era dentista e professor de Odontologia. Sua mãe faleceu quando ela só tinha 7 anos.

Educada pela família na sensibilidade com as pessoas carentes, desde muito jovem Maria Rita mostrou coragem e senso de justiça. Aos 13 anos, apoiada pela sua irmã, passou a acolher em casa mendigos e doentes. A porta da residência da família ficou conhecida como "a portaria de São Francisco", por causa do grande número de pessoas carentes que ali se aglomeravam.

Assim que se formou professora, em 1933, ela ingressou na Congregação das Missionárias da Imaculada Conceição da Mãe de Deus. Fez os votos, adotando o mesmo nome de sua mãe: Dulce. Dava aula num colégio, mas tinha o pensamento voltado para os pobres. Em 1935 passou a cuidar da comunidade pobre de Alagados, que era um conjunto de palafitas no Bairro de Itapagipe, em Salvador. Também criou um posto médico para atender aos operários, que naquele bairro eram muitos. E no ano seguinte fundou a União Operária de São Francisco, a primeira organização operária católica do Estado da

Bahia. Seu trabalho social em favor dos operários e de suas famílias continuou crescendo.

Para abrigar pessoas doentes sem teto que recolhia das ruas, ela ocupou cinco casas abandonadas, na Ilha dos Ratos. Mas, foi expulsa. Por dez anos os levou de um lugar para outro, longe de tudo. Finalmente, em 1949 conseguiu autorização para ocupar um galinheiro ao lado do convento. Ali abrigou 70 doentes. Era o início do maior hospital da Bahia, o de Santo Antonio. A partir daí surgiram as Obras Sociais Irmã Dulce, uma gigantesca instituição toda voltada para os pobres, com atendimento à saúde, assistência social, pesquisa científica e ensino.

Em 1988, Irmã Dulce chegou a ser indicada pelo governo brasileiro ao Prêmio Nobel da Paz. Teve apoio do Papa João Paulo II na ocasião das suas visitas ao Brasil, em 1980, e depois em 1991, quando ela se encontrava bastante enferma, com enfisema pulmonar. Ela faleceu em 1992, com quase 78 anos. Uma grande multidão reuniu-se para homenageá-la, chorando a sua partida. Mas sua marca foi sempre a humildade, como mulher de ação que transforma os corações e a sociedade.

ORAÇÃO

Ame simplesmente, porque nada nem ninguém pode acabar com um amor sem explicação! (Irmã Dulce dos Pobres).

Venha! Celebraremos a Ceia do Senhor!
Façamos todos juntos um pão enorme
e preparemos muito vinho como nas Bodas
*   de Caná.*
Que as mulheres não se esqueçam do sal,
que os homens providenciem o fermento,
coxos, cegos, surdos, pobres.
Pronto! Sigamos a receita do Senhor,
todos sovemos a massa com as mãos
e vejamos com alegria como cresce o pão.
Porque hoje celebramos nosso compromisso
*   com Jesus!*
Hoje renovamos nosso compromisso com o
*   Reino!*
Ninguém ficará com fome.
Amém!
(Elza Támez)

Alberta Girardi

Maria Alberta Girardi nasceu na Itália, em 1921. Sua família era pobre e logo mudou-se para Veneza. A mãe, Maria Bianco, era uma mulher simples e muito religiosa. O pai, Alberto Girardi, trabalhava nas lanchas e era um forte opositor do regime fascista de Mussolini, que estava em vigor.

Alberta queria entrar num convento, mas o pai, chamado a trabalhar na Segunda Guerra Mundial, a fez prometer que o esperaria voltar. Certa noite, um bombardeio destruiu a casa, onde ela estava com sua mãe e a irmãzinha de 10 anos. O pai voltou em 1943 e ela ingressou na Congregação das Pequenas Irmãs da Caridade, fundada por Dom Orione. Foi para Tortona, no Piemonte, enfrentando uma viagem penosa debaixo de bombardeios.

Em 1951 foi mandada a Roma, já com os votos religiosos e diplomada como professora. Por sugestão de um jesuíta crítico de cinema, Padre Enrico Baragli, ela criou uma escola profissionalizante para jovens órfãs, o Centro Italiano de Adestramento Cinematográfico, que dirigiu durante 19 anos. Buscava as filhas de prisioneiros por toda a Itália, trazendo-as para ali estudarem.

Entretanto, ela pediu que a deixassem partir como missionária. Assim, em 1971 chegou ao Brasil, que estava sob a ditadura militar, e foi enviada à região do Bico do Papagaio, no atual Tocantins. Lá denunciou que posseiros estavam sendo expulsos e assassinados. Trabalhou junto da Comissão Pastoral da Terra desde que esta foi criada em 1979, juntamente com um padre do lugar, Josimo Morais Tavares. Admirava-o por sua coragem, mensagem e amor aos pobres. Em 1986 ele foi assassinado a mando dos fazendeiros da região. Ela teve que partir no mesmo dia, pois estava também ameaçada de morte. Refugiou-se em Curralinho, no Pará. Por nove anos ali trabalhou num hospital e assumiu as atividades da paróquia, que estava sem padre.

Em 1996 iniciou sua missão na cidade de São Paulo. Dedicou-se à Pastoral Carcerária. Também à Fraternidade Povo da Rua, numa integração com o Movimento de Trabalhadores Rurais Sem Terra. Por dois anos viveu junto dos trabalhadores sem terra num acampamento. Como reconhecimento, um assentamento próximo à Rodovia Anhanguera adotou o seu nome.

Irmã Alberta Girardi, sempre vestida de hábito cinza, foi fiel ao carisma da sua congregação, de cuidar dos pobres mais pobres. Corajosa na defesa da dignidade deles, também era humilde e sorridente. Dizia: "Aqueles camponeses são todos meus irmãos!" Faleceu no final de 2018, com 97 anos. Como afirmou o bispo Dom Pedro Luiz Stringhini, seu edificante testemunho é o de "uma vida consagrada a Deus, na opção preferencial e incondicional pelos pobres".

ORAÇÃO

Irmãos, agora damos a conhecer a vocês a graça que Deus concedeu às Igrejas da Macedônia. Em meio às muitas tribulações que puseram à prova essas Igrejas, a grande alegria e a extrema pobreza delas transbordaram em riquezas de generosidade (2Cor 8,1-2).

Deus, meu Pai e meu amigo, quero te agradecer:

Pelo sacrifício e dedicação dos meus pais e da minha família. Se nada tinham, deram-me o melhor de si.

Pelo teu sorriso estampado no rosto das pessoas mais humildes. Elas me ensinam a confiar plenamente em ti.

Pelo exemplo de quem se arrisca na defesa dos mais carentes e vulneráveis. Ali vejo o Evangelho do teu Filho, vivido em gestos e ações.

Ajuda-me a ser generosa. Amém.

Veva Tapirapé

Genoveva Helena Baoyé nasceu em Lorraine, na França, em 1923. Com sua família, sofreu as consequências das duas guerras mundiais. Trabalhava na roça de sol a sol.

Atraída pelo Evangelho, entrou na Fraternidade das Irmãzinhas de Jesus. A francesa Madalena Hutin havia fundado essa fraternidade na Argélia, em 1939, a partir do carisma de Charles de Foucauld. E incentivava as Irmãzinhas a partirem em missão, indo aos esquecidos, aos desprezados, aos que ninguém quer.

Justamente esse era o caso de um povo indígena do Brasil, na região do Araguaia, Mato Grosso. Era a nação Tapirapé, que estava em extinção. De 1.500 pessoas estavam reduzidos a menos de 50, por causa das doenças contraídas dos brancos e dos ataques dos índios Kayapó, além de outros problemas. Elas souberam dessa situação dramática através de alguns frades dominicanos franceses que faziam missão no Araguaia.

Genoveva, com 29 anos, acabara de fazer os votos. Ela e outras duas Irmãzinhas francesas prontamente aceitaram aquele desafio. Chegaram em 1952, mesmo sem saber a língua tapirapé e sem falar português. Seu objetivo era simplesmente conviver com eles e abraçar sua agonia. Viver no meio deles o amor de Deus que faz viver, crescer, revigorar-se. Mas sem fazê-los mudar de cultura e de religião. Era essa a espiritualidade de Charles de Foucauld.

Acolhidas por aqueles índios na Aldeia Urubu Branco, passaram a viver junto deles o evangelho da fraternidade, no cuidado da roça, no preparo da mandioca de cada dia, no aprendizado da língua. Desde o início passaram a cuidar da saúde deles. Como cristãs católicas seguiam sua espiritualidade, mas num profundo respeito pela cultura e religião dos Tapirapé. Estes as foram incorporando como membros da sua tribo. Genoveva passou a ser chamada de Veva. E o povo, com sua autoestima recuperada, conseguiu se multiplicar e renascer.

Veva viveu sessenta anos com o povo Tapirapé, até sua morte com a idade de 90 anos, em 2013. Sentiu dores no peito, foi logo socorrida, mas faleceu antes de chegar ao hospital. Os Tapirapé, com seus rituais, choraram a partida e expressaram sua profunda gratidão à Irmãzinha que, para seguir Jesus, tornou-se como um deles. E na casa deles, assumida por Veva como também sua, sepultaram o seu corpo, como testemunhou Antonio Canuto: "Plantada em território Tapirapé está Genoveva, um monumento de coerência, silêncio e humildade, de respeito e reconhecimento do diferente, gritando como é possível, com ações simples e pequenas, salvar a vida de todo um povo".

ORAÇÃO

Eu vim para que tenham a vida, e tenham em abundância (Jo 10,10).

Ó Jesus de Nazaré, da estrebaria, das estradas, do barco dos pescadores, da multidão, do deserto, Jesus da beira do poço, da manjedoura e da cruz, que desces até aos últimos para a todos elevar!

Quanto ainda estou longe de sintonizar minha vida com a tua! Mas me encanto com as mulheres que se tornam reflexos do teu infinito amor. Nelas vejo teu Evangelho encarnado, vivo e contagiante!

Ajuda-me a ir em direção dos que precisam de mim, a criar proximidade, a inspirar confiança, a respeitar a diversidade, a salvar as minorias abandonadas, a construir fraternidade sem fronteiras. Amém.

Dorothy Stang

Dorothy Mae Stang nasceu nos Estados Unidos, em Dayton, Estado de Ohio, em 1931. Com 17 anos ingressou na Congregação das Irmãs de Nossa Senhora de Namur. Era professora e dedicou-se ao ensino em vários lugares.

Em 1966 iniciou sua missão no Brasil. Naturalizou-se brasileira e fixou-se em Coroatá, MA. Mas, vendo que os moradores de lá migravam para a Amazônia, partiu para fazer missão lá, junto dos trabalhadores rurais da região do Xingu. Com seus projetos de reflorestamento nas áreas devastadas da Rodovia Transamazônica, favorecia para os trabalhadores rurais a geração de emprego e renda. Também buscava amenizar os conflitos de terra, fortes naquela região.

Irmã Dorothy vivia o Evangelho de Jesus apoiando ativamente os movimentos sociais do Pará. Na pequena Vila de Sucupira, município de Anapu, trabalhou em projetos de desenvolvimento sustentável que ganharam reconhecimento nacional e internacional. Ela tomou muitas iniciativas em favor dos empobrecidos. Uma delas foi a de ajudar na fundação da Escola Brasil Grande. Era a primeira escola da rodovia Transamazônica voltada para a formação de professores.

Ela sempre ajudou a CNBB, participando da Comissão Pastoral da Terra. Solidária aos trabalhadores do campo, defendia uma reforma agrária justa e benéfica.

Dialogava com os líderes de movimentos dos trabalhadores do campo, líderes da política e líderes religiosos, buscando soluções duradouras que trouxessem a paz e o bem de todos. Em 2004, a Ordem dos Advogados do Brasil, no Pará, a premiou pela sua luta em defesa dos direitos humanos.

Apesar das muitas ameaças de morte que recebia, Irmã Dorothy seguia firme em sua missão. Chegou a dizer: "Não vou fugir e nem abandonar a luta desses agricultores que estão desprotegidos no meio da floresta. Eles têm o sagrado direito a uma vida melhor, numa terra onde possam viver e produzir com dignidade sem devastar".

Em 2005, no início de uma manhã, foi assassinada com seis tiros numa estrada de difícil acesso. Tinha 73 anos. O mandante era o fazendeiro Vitalmiro Moura. O atirador antes lhe perguntou se ela estava armada, ao que ela respondeu mostrando a Bíblia: "Eis a minha arma!" Ela ainda leu para ele alguns versículos do Evangelho que falam das bem-aventuranças.

A Igreja Episcopal Anglicana do Brasil a incluiu em seu calendário de santos, como "mártir da caridade na Amazônia", e passou a celebrar sua memória na liturgia de todo dia 12 de fevereiro, data do seu martírio.

ORAÇÃO

Reconheçamos a nossa fragilidade, mas deixemos que Jesus a tome nas suas mãos e nos lance para a missão. Somos frágeis, mas portadores de um tesouro que nos faz grandes e pode tornar melhores e mais felizes aqueles que o recebem. A ousadia e a coragem apostólica são constitutivas da missão" (Papa Francisco. Gaudete et Exultate, *131).*

Ó Espírito Santo Consolador,
Brisa suave e fogo que incendeia!
Enxuga o pranto dos sofredores,
dá força aos fracos, desarma os fortes,
une os que partem sem rumo,
sustenta os que se arriscam na missão
de promover os direitos humanos.
Sacode-me, liberta-me do egoísmo,
* envia-me.*
Amém.

Margarida Alves

A brasileira Margarida Maria Alves nasceu no interior da Paraíba em 1933, no município de Alagoa Grande. De família muito pobre, afrodescendente e com traços indígenas, era a caçula de nove irmãos. Aos 6 anos pediu ao pai que lhe desse uma enxadinha, porque queria ajudar no trabalho da roça. E aos 8 anos já era uma trabalhadora rural. Teve pouca escolaridade. Como toda a sua família, pautava a vida na devoção, nos princípios e nas práticas do cristianismo católico.

Aos 28 anos foi morar na cidade, chamada para trabalhar no Sindicato dos Trabalhadores Rurais de Alagoa Grande, que seria fundado no ano seguinte. Animou-se ao ver o padre do lugar apoiando os trabalhadores e explicando que a organização sindical era do desejo do Papa João XXIII. Mas logo veio o golpe militar no Brasil e o apoio da Igreja ficou paralisado. Em 1975 ela passou a participar da Comissão Pastoral da Terra, junto aos bispos do Brasil.

Com 38 anos ela se casou. Quatro anos depois teve seu único filho, José de Arimateia. Vivia o cristianismo como mãe e esposa, trabalhadora e participante de movimento social, entrelaçando os valores do Evangelho com sua missão educativa e política. Nas Comunidades Eclesiais de Base aprendeu e ajudou a fazer a interação da fé com a política do bem comum.

Incansável na defesa dos direitos básicos dos trabalhadores, ela também ajudou muitas mulheres a se conscientizarem da sua dignidade e capacidade. Por 12 anos foi presidente do sindicato, sendo uma das primeiras mulheres brasileiras a exercer um cargo de direção sindical. De personalidade forte e meiga, sabia falar e escutar e mantinha-se fiel à sua ligação com a terra. Os pequenos agricultores, acuados por canavieiros, a consideravam como mãe. Ela os defendeu por 23 anos, lutando para que todos tivessem vida digna. E não recuou, apesar das ameaças de morte que passou a receber.

A perseguição maior lhe veio dos proprietários da Usina Tanques, a maior usina de açúcar daquela região, aliados a outros grandes fazendeiros. Em 1983, a mando deles, um matador de aluguel a surpreendeu em sua casa, numa emboscada. Matou-a com um tiro de escopeta calibre 12, que lhe deformou o rosto, na presença do marido e do filho de 8 anos. A comoção foi muito grande. Margarida Alves costumava dizer: "É melhor morrer na luta do que morrer de fome". Depois, seu filho afirmou: "Pensaram em destruir Margarida. Fizeram assim com Jesus".

ORAÇÃO

...o que vocês escutam em segredo proclamem sobre os telhados. Não tenham medo daqueles que matam o corpo, mas não podem matar a alma... (Mt 10,27-28).

Meu Jesus misericordioso!

Vejo tantos rostos desfigurados, angustiados, sulcados por injustiças! Sei que em cada um deles está a tua face banhada em sangue, que a Verônica enxugou.

Que eu não fuja dessas faces que me chamam ao compromisso com o teu Evangelho. Livra-me da religiosidade de consolo ilusório, sem pé no chão e sem compromisso com os que sofrem. Livra-me do medo e do comodismo.

Ajuda-me a viver com maturidade a minha fé cristã. A crer no Pai como Tu, no compromisso com o seu Reino de justiça e fraternidade. Amém.

Zilda Arns

A médica brasileira Zilda Arns Neumann era irmã do cardeal Dom Paulo Evaristo Arns, arcebispo de São Paulo. Ela nasceu em Forquilhinha, SC, em 1934. Sua família, bem numerosa, sempre se guiou pelos valores e práticas do cristianismo católico.

Aos 19 anos começou a estudar Medicina e estava entre os alunos mais dedicados. Ajudando a cuidar de crianças menores de um ano, impressionou-se porque tantas eram internadas com doenças de fácil prevenção. O professor de Pediatria a reprovou no primeiro ano, dizendo ser um absurdo uma mulher cursar Medicina. Mas ela não desistiu.

Com 21 anos casou-se com o marceneiro Aloysio Neumann, com quem teve seis filhos. Era esposa e mãe dedicada e crescia profissionalmente. Especializou-se em Pediatria, Saúde Pública e Sanitarismo. Seguia sua vocação de salvar crianças pobres da mortalidade infantil e da desnutrição, bem como da violência que via acontecer dentro das famílias e na sociedade.

Mesmo viúva aos 44 anos, seguiu dando novos passos em sua missão. No combate à marginalidade e às doenças de fácil prevenção que levavam à morte tantas crianças, entendeu que devia priorizar a educação das mães e de todos. Então, inspirada na narrativa do Evangelho que fala da multiplicação dos pães e dos peixes

(Jo 6,1-15), criou uma metodologia para as famílias mais pobres poderem compartilhar o conhecimento e multiplicá-lo, numa solidariedade gratuita e eficaz.

A pedido da CNBB, em 1983 Zilda Arns criou a Pastoral da Criança. Também a pedido da CNBB criou e coordenava a Pastoral da Pessoa Idosa.

A Pastoral da Criança expandiu-se extraordinariamente, no Brasil e em outros países. Em 30 anos, só no Brasil já eram mais de 175 mil voluntários engajados na ação social a partir de sua fé cristã, que acompanhavam mais de um milhão de crianças menores de 6 anos, 60 mil gestantes e 860 mil famílias pobres. Estas faziam a multiplicação solidária de conhecimentos e práticas de nutrição, saúde, educação e cidadania. Assim, a transformação social era assumida pelas próprias famílias pobres. A redução da mortalidade infantil foi tão grande, que em 2006 Zilda Arns chegou a ser indicada para o Prêmio Nobel da Paz.

A mãe e avó Zilda Arns, médica e missionária incansável, entregou-se inteiramente pela causa do Evangelho. Em janeiro de 2010 estava numa igreja em Porto Príncipe, dando início à Pastoral da Criança no Haiti. Um violento terremoto fez o teto desabar. Mesmo sem ser soterrada, ela foi atingida na cabeça e teve morte instantânea. Tinha 75 anos.

ORAÇÃO

Como os pássaros, que cuidam de seus filhos ao fazer um ninho no alto das árvores e nas montanhas, longe dos predadores, ameaças e perigos, e mais perto de Deus, devemos cuidar de nossos filhos como um bem sagrado, promover o respeito a seus direitos e protegê-los (Zilda Arns).

Ó Jesus, Tu te abaixaste até às criancinhas, as acolheste em teu colo, deste-lhes carinho e as abençoaste. Queres que eu me torne como uma criança e denuncie quem a escandaliza (Mt 18, 1-9; 19,13-15).

Sou só uma gota d'água no oceano de tanta carência. Mas quero participar das redes solidárias, para que todas as crianças tenham vida, e vida plena. Que os pequeninos me convertam! Amém.

Adelaide Molinari

Adelaide Molinari pertencia a uma família de imigrantes italianos agricultores. Nasceu no Brasil, em Garibaldi, RS, em 1938. Era pequena quando a família se mudou para Palmeira das Missões, no mesmo Estado. Enquanto trabalhava na roça com a família, descobriu sua vocação religiosa. Os pais a apoiaram e ela foi morar com as Irmãs da Congregação das Filhas do Amor Divino.

Adelaide estudou e tornou-se Irmã, assumindo o carisma daquela congregação: estar a serviço dos mais necessitados. Foi uma das primeiras que se prontificaram a ir trabalhar em missão no Pará. Enviada com mais duas Irmãs da Congregação, em 1983 foi morar em Curionópolis, distante 28km de Eldorado do Carajás, que era o lugar de missão destinado a ela. Empenhada em ser presença da Igreja no meio daquelas pessoas que sofriam pela pobreza e extremas necessidades, passou a carregar no coração o povo daquele lugar. Dedicava-se totalmente a todos, e seus preferidos eram aqueles que a sociedade descartava.

Porém, aquela total entrega de si aos mais necessitados teve um curto tempo. Numa manhã de domingo de 1985, as Irmãs levantaram-se bem cedo, como de costume. Após as orações e o café da manhã, cada uma foi para o seu lugar de missão. Irmã Adelaide despediu-se das duas companheiras e tomou um ônibus para Eldorado do Carajás. Lá participou da celebração da Palavra com sua Comunidade Eclesial de Base. Depois, numa rica convivência fraterna, ela permaneceu lá, exercendo atividades pastorais. Concluiu o encontro com a oração final, despediu-se e foi até à estação rodoviária da cidade para comprar sua passagem de volta a Curionópolis.

Enquanto esperava o ônibus, encontrou Arnaldo Dolcídio Ferreira, atuante no Sindicato dos Trabalhadores Rurais de Marabá. Aquele jovem pai de família já havia recebido várias ameaças de morte. Conversaram sobre os conflitos agrários que ocorriam na região e sobre as formas de ajudar os pequenos agricultores ameaçados. Justamente naquela hora Arnaldo foi vítima de um atentado. Irmã Adelaide viu o assassino desenrolar um pacote onde trazia um revólver, e exclamou: "Meu irmão, não faça isso!" Mas o homem disparou um tiro, que atravessou o tórax do sindicalista e a atingiu no pescoço. A bala perfurou-lhe uma artéria, levando-a à morte instantânea. Arnaldo sobreviveu, mas foi assassinado sete anos depois, ali mesmo em Eldorado do Carajás.

ORAÇÃO

Não tenham medo daqueles que matam o corpo, mas não podem matar a alma... (Mt 10,28).

Escuta, ó Pai, a nossa prece. Teu Filho Jesus venceu a morte e continua vivo no meio das comunidades cristãs. Que também nós possamos ser fortes, como Ele. Que ninguém fuja da luta, nem mesmo com ameaça de morte. Que saibamos ficar atentos às necessidades da comunidade. Que de hoje em diante ninguém mais fique sofrendo desamparado. Alimenta, ó Pai, a nossa fé, para que não te neguemos em nossa ação. Por Jesus Cristo, teu Filho, nosso Senhor, na unidade do Espírito Santo. Amém (Oração feita por Irmã Adelaide Molinari no dia de sua morte).

Jean Donovan

A norte-americana Jean Marie Donovan nasceu em Westport, Connecticut, em 1953. Sua família era de classe média alta e ela tinha um irmão mais velho. Graduou-se em Economia e Educação. Em Cleveland conseguiu um emprego como consultora de gestão, numa empresa de contabilidade.

Foi na Diocese de Cleveland que ela entrou como voluntária para trabalhar na Pastoral da Juventude. Lá ficou sabendo de um projeto da diocese, de missão em El Salvador. Imediatamente sentiu que aquela era a sua vocação. Contou aos amigos e estes não conseguiam acreditar. Ela, que amava motocicleta, festas e divertimentos, como iria viver em meio a tantos sacrifícios? E em modo de brincadeira a apelidaram de "Santa Joana d'Arc". Mas ela fez um curso de treinamento missionário em Maryknoll, deixou tudo e partiu.

Foi assim que a missionária leiga Jean Donovan chegou a El Salvador em 1979, quando naquele país aumentava a repressão militar, atingindo também a Igreja. Ela coordenava o programa missionário diocesano da capital São Salvador, ajudava na distribuição de alimentos para os pobres e refugiados, ajudava nos programas de educação familiar.

Em 1980, o arcebispo Dom Oscar Romero foi assassinado enquanto celebrava missa. Oito meses depois, numa noite, Jean Donovan estava num carro junto com três religiosas que iam para El Salvador. Elas eram: Maura Clarke e Ita Ford, de uma congregação de Maryknoll; a Irmã Dorothy Kazel, da Congregação das Ursulinas. Haviam ido buscar duas delas no aeroporto. Na estrada foram paradas por um esquadrão da Guarda Nacional, sob o comando do Sargento Luis Antonio Colindres. Deram-lhes voz de prisão e as levaram para um lugar isolado, onde as espancaram e as estupraram. Depois as assassinaram a tiros e jogaram seus corpos numa vala.

Na manhã seguinte, pessoas que passaram por lá viram os corpos, e um juiz lhes deu ordem de os enterrarem nas proximidades. Mas, apesar do esforço das Forças Armadas em encobrir seu envolvimento, ele ficou muito evidente, e estava claro que tudo havia sido planejado com antecedência. Quatro anos depois, vários soldados da Guarda Nacional foram considerados culpados e condenados a 30 anos de prisão.

Jean Donovan falou mais com a vida do que com palavras. Deixou para os jovens um marcante testemunho de fé comprometida com a vida dos mais desprotegidos.

ORAÇÃO

Ainda quando nos chamem de loucos, ainda quando nos chamem de subversivos, comunistas e todos os adjetivos que se dirigem a nós, sabemos que não fazemos nada mais do que anunciar o testemunho subversivo das bem-aventuranças, que proclamam bem-aventurados os pobres, os sedentos de justiça, os que sofrem (Dom Oscar Romero).

Ó Divino Espírito santificador!
És Tu que apareces na grande coragem
dos jovens inquietos, generosos, lúcidos
que alegres se lançam em missões difíceis
em meio a perigos, riscos e incertezas.
Age em mim também, ó meu Hóspede
*   amigo!*
Dobra minha dureza, rega a minha secura,
acalma meu coração, ilumina a minha
*   mente,*
move-me a fazer o bem.
Amém.

AMAR É A ÚNICA REVOLUÇÃO

A força transformadora do amor a partir das ciências, da filosofia e da religião

Anselm Grün, Gerald Hüther e Maik Hosang

O amor não é apenas o sentimento de uma relação romântica, mas também a energia mais elementar, mais forte e mais bela da evolução. Pois ele é a força paradoxal que une e interliga, mas que simultaneamente liberta e individualiza. Eis por que o amor nos encoraja a descobrir e desenvolver, em nós, entre nós e em nossa volta, potenciais sempre novos.

A esperança de uma sociedade mundial digna do ser humano, plural, mas também livre e pacífica, é uma esperança baseada em última instância na intuição do amor, que em tempos idos nos levou a nos tornar seres humanos – nos "hominizou". E graças à autoconscientização própria do amor tornou-se agora possível liberar novos potenciais dentro de nós e entre nós. De fato, até hoje as inovações e culturas do amor surgiram mais ou menos fortuitamente. Até hoje – excetuadas as breves fases de escolas do amor na Grécia antiga – não se concretizou a obra de formação e desenvolvimento conscientes desta que é a mais importante energia humana da pessoa. Por isso ainda não surgiu a sociedade que tivesse conseguido desenvolver em grau ótimo simultaneamente ambos os polos desta energia – o da individualidade livre e o da interligação humana intensa. No decorrer desse livro os autores irão apresentar algumas indicações de como isso poderá ocorrer futuramente.

Nesse livro eles procuraram reunir os conhecimentos de pelo menos três disciplinas, e assim lançar os alicerces para este empreendimento: a da Ciência das Religiões (Anselm Grün), da Filosofia Social (Maik Hosang) e da Neurobiologia (Gerald Hüther). Visto que estes três ramos científicos, a fim de abordar seus respectivos âmbitos da realidade, tradicionalmente empregam conceitos e parâmetros de reflexão muito diferentes, não foi nada fácil reconstruí-los a partir da perspectiva do amor enquanto energia que em última análise perpassa todas as realidades. Mesmo assim fica claro que, apesar das diferentes formas de expressão e conceitos, é o mesmo amor criativo fundamental que movimenta e realiza todos os setores e etapas ou níveis da evolução e que, em nós seres humanos, tem a capacidade de chegar à autoconsciência.